J. BROUAR[DEL]

A BORDEAUX

4 et 5 Juillet 1903

COMPTE RENDU

DE LA

RÉUNION DES TROIS ŒUVRES BORDELAISES

Des Habitations à Bon Marché, des Bains-Douches à Bon Marché et des Débits de Tempérance.

INAUGURATION du 5e LOCAL de L'ŒUVRE BORDELAISE

Des Bains-Douches à Bon Marché

LOCAL BROUARDEL

Sténographie FOURNIAL. — Photographies PANAJOU Frères

Automobiles JIEL-LAVAL.

BORDEAUX

IMPRIMERIE G. GOUNOUILHOU

9-11, RUE GUIRAUDE, 9-11

1903

M. BROUARDEL

A BORDEAUX

LE PROFESSEUR BROUARDEL

MEMBRE DE L'INSTITUT

PRÉSIDENT DU COMITÉ CONSULTATIF D'HYGIÈNE PUBLIQUE DE FRANCE

M. BROUARDEL

A BORDEAUX

4 et 5 Juillet 1903

COMPTE RENDU

DE LA

RÉUNION DES TROIS ŒUVRES BORDELAISES

Des Habitations à Bon Marché, des Bains-Douches à Bon Marché et des Débits de Tempérance.

INAUGURATION du 5e LOCAL de L'ŒUVRE BORDELAISE

Des Bains-Douches à Bon Marché

LOCAL BROUARDEL

Sténographie Fournial. — Photographies Panajou Frères

Automobiles Jiel-Laval.

BORDEAUX

IMPRIMERIE G. GOUNOUILHOU

9-11, RUE GUIRAUDE, 9-11

1903

M. BROUARDEL A BORDEAUX

PROGRAMME

Samedi 4 Juillet

De 9 heures à midi :

Visite des diverses Œuvres en voiture.

3 heures :

Réunion à l'Athénée des trois Œuvres Bordelaises : Habitations à Bon Marché, Bains-Douches à Bon Marché et Débits de Tempérance.

Discours de M. A.-E. HAUSSER.

Triple rapport de M. CH. CAZALET.

Discours de M. DE MONTRICHER.

Discours de M. BROUARDEL.

Dimanche 5 Juillet

9 heures :

Pose première pierre Groupe ÉMILE-LOUBET.

10 heures :

Pose première pierre Fondation CRUSE.

11 heures :

Inauguration publique du Local BROUARDEL.

Discours de M. BAYSSELLANCE.

Discours de M. CH. CAZALET.

Discours de M. DE MONTRICHER.

Discours de M. BROUARDEL.

Midi :

Déjeuner offert par M. LE MAIRE de Bordeaux.

10 h. 30.

Départ de M. BROUARDEL pour Paris.

VISITE AUX HABITATIONS A BON MARCHÉ

M. BROUARDEL

A BORDEAUX

Journée du Samedi 4 Juillet 1903

Visite aux Établissements

La matinée de samedi a été consacrée par M. Brouardel à une longue promenade à travers la ville de Bordeaux et à de très instructives visites aux établissements des Œuvres des Bains-Douches, des Habitations à Bon Marché et des Débits de Tempérance. Dans ces visites, il était accompagné de MM. Bayssellance, Ch. Cazalet, Cahen, Touzin, architecte; de Montricher, ingénieur civil des mines à Marseille; Hounau, etc.

La petite caravane, qui s'était donné rendez-vous, 1, rue de Condé, a pris place dans trois superbes automobiles appartenant à MM. Jiel-Laval et Lafitte. Elle s'est d'abord dirigée vers le local des Bains-Douches de la rue Dauphine, où M. le Dr Lande, maire, est venu retrouver son éminent confrère et lui serrer les mains.

Cette première station a vivement intéressé M. Brouardel. A l'instant précis où l'on arrivait rue Dauphine, M. Soulié, le distingué directeur de l'école de la rue Villeneuve, accompagnait, en effet, une partie de ses élèves aux Bains-Douches, et les visiteurs ont pu constater les bienfaits de cette œuvre d'hygiène, de moralisation et de philanthropie.

M. le Maire et les personnalités citées plus haut se sont ensuite rendus, avec M. Brouardel, à l'école maternelle de la rue Naujac, où ils ont été reçus par MM. Durand, inspecteur d'Académie; Rotgès, inspecteur primaire, et la dévouée directrice, Mlle Charles.

Là encore, on a trouvé, sous la pluie bienfaisante des bains-douches, de ravissants bébés que savonnait consciencieusement, en les entourant de soins tout maternels, une des aides de l'école, sous l'œil vigilant de Mlle Charles. Les enfants, joyeux, semblaient ravis de cette véritable récréation.

Dans la grand'cour, après l'audition d'un chœur dans lequel les bambins chantaient les louanges de l'eau, M. Brouardel a vivement félicité Mlle Charles.

Et, sans perdre une minute, on est remonté en automobile pour aller, à la course, visiter, rue de Varize, le groupe « Comte-de-Chambrun » des Habitations à Bon Marché; les docks, le *Chili*, dont les travaux de renflouement touchent à leur fin, et où M. Vidal, l'aimable ingénieur en chef du service maritime, a fourni de savantes indications à M. Brouardel.

Dare-dare, on repart pour le local des Bains-Douches, 6, quai de Bacalan, où des élèves de l'école de la rue Dupaty font leurs ablutions; puis pour le Débit de Tempérance du quai de la Douane, où l'on goûte la boisson nouvelle, le champagne hygiénique fait avec d'excellent vin blanc et les appareils de la *Carbonique liquide*, la grande Société bordelaise universellement connue. Le directeur de la Compagnie, M. .Augé, renseigne à ce sujet les hôtes passagers du débit.

En automobile, de nouveau, on va au troisième local des Bains-Douches, 21, quai de la Monnaie, où on rencontre encore les élèves de l'école communale Saint-Charles. On part ensuite pour le groupe « Georges-Picot » des Habitations à Bon Marché, 340, rue de Bègles, dont on admire les dispositions parfaites, et on termine la promenade par un court arrêt au Restaurant de Tempérance, 53, route de Toulouse. Les clients y sont nombreux, la cuisine excellente, et, tandis que Mme Cousinet, la gérante, reçoit des éloges mérités, elle offre à M. Brouardel une superbe gerbe de fleurs.

La matinée est achevée : elle a été bien remplie.

Dans l'après-midi, à trois heures, les trois Œuvres des Habitations à Bon Marché, des Bains-Douches et des Débits de Tempérance ont tenu leur assemblée générale, sous la présidence de M. Brouardel, dans une des salles de l'Athénée. La foule, au milieu de laquelle on remarquait la présence de nombreuses dames, était considérable.

Aux côtés de M. Brouardel avaient pris place MM. Hausser, Bayssellance, Lutaud, préfet; Lande, maire; Montricher (de Marseille), Ch. Cazalet et les membres des bureaux des trois Sociétés, tandis qu'aux premiers rangs de l'assistance avaient pris place une foule de notabilités bordelaises, parmi lesquelles nous citerons : MM. Bizos, recteur; Gabriel Faure; de Nabias et Gayon, doyens des Facultés de médecine et des sciences; Ducuing, intendant militaire; Ch. Gruet, ancien député; A .Eyquem, vice-président du Tribunal civil; Couturier, conseiller général; Giraud, conseiller d'arrondissement; les professeurs Morache, Coyne, Bergonié, Ferré, Régis, etc.

La séance a été ouverte par une magistrale allocution de M. Hausser, dans laquelle le président du Conseil d'administration de la Société bordelaise des Habitations à Bon Marché a souhaité la bienvenue à M. Brouardel, en faisant un éloquent éloge de ce savant dont la France est fière à si juste titre. Il a montré l'affinité qui existe entre la propreté extérieure et la pureté de l'âme, et a exposé le but de cette réunion et du groupement des trois Sociétés qui font la « Morale en action ».

La parole a ensuite été donnée à M. Ch. Cazalet, qui a présenté un rapport des plus complets, des plus intéressants et des plus édifiants sur les Habitations à Bon Marché; le projet de créations de « jardins ouvriers », grâce à la générosité de MM. Frédéric et Henri Cruse; les Bains-Douches à Bon Marché et les Débits de Tempérance. Nous regrettons de ne pouvoir suivre le dévoué rapporteur dans les développements de son fort beau travail, qui constate les progrès croissants et la prospérité des trois œuvres entreprises, et qu'il termine par un nouvel éloge de M. Brouardel, dont la vie est, dit-il, un apostolat.

Et, citant les paroles de M. Chaumié, ministre de l'Instruction publique, M. Cazalet ajoute : « Vous vous êtes placé à la tête de l'admirable croisade organisée pour mener la guerre contre ce fléau, la tuberculose. Par ainsi, Monsieur, vous avez pris place au nombre de ceux dont les bienfaits ont droit à la reconnaissance de l'humanité. » *(Salve d'applaudissements.)*

Après M. Cazalet, M. Montricher se lève, et, dans une élégante allocution, dit qu'il a admiré les Œuvres bordelaises dont on célèbre aujourd'hui les mérites. Il espère que Marseille ne tardera pas, en créant une œuvre locale de bains-douches, à entrer dans la même voie que Bordeaux, qui tient la tête pour l'organisation des œuvres humanitaires et moralisatrices.

M. Montricher, au nom de M. le Maire de Marseille, au nom de la Société polytechnique de cette ville, invite M. Brouardel à venir présider dans deux mois la séance d'ouverture de cette Société, et le prie instamment de vouloir bien faire à Marseille une conférence. Ce sera, déclare l'orateur, qui est fort applaudi, le départ d'une ère nouvelle dans laquelle Marseille trouvera la véritable morale sociale.

Poursuivant son rôle de président, M. Brouardel fait procéder à l'élection des membres sortants des divers Conseils d'administration des Sociétés, et, au milieu d'un religieux silence, parle à son tour.

En une causerie empreinte d'une simplicité, d'une modestie et d'une science profonde qui charment l'auditoire qu'il conquiert tout entier, le grand savant montre les bienfaits de l'hygiène, de la propreté,

Il explique les causes de la propagation de la tuberculose, la marche de l'alcoolisme, qui ne provient pas de l'absorption du vin véritable, mais des toxines contenues dans certaines boissons alcooliques. En rendant hommage au groupe de personnalités bordelaises qui ont créé les œuvres qu'il a admirées dans la matinée, et qui s'appuient si heureusement les unes sur les autres, il déclare que ces œuvres seront des facteurs puissants pour la lutte contre l'alcoolisme et la tuberculose. Il félicite les hommes de dévouement qui sont à leur tête Au fond, toute l'hygiène tient dans ces deux mots : « propreté, sobriété. »

La leçon de choses, les conseils donnés par M. Brouardel sont, à de nombreuses reprises, soulignés par les bravos des assistants. Il ajoute qu'il considère comme un devoir d'aller dans les grands centres dire ce qu'il pense. Il sera heureux de pouvoir répondre à l'invitation de Marseille.

M. Brouardel termine par de nouvelles félicitations aux philanthropes bordelais qui ont créé les Bains-Douches, Habitations à Bon Marché et Débits de Tempérance. « Vous avez donné, dit-il, un bon exemple. Il faut qu'il soit connu, et je suis persuadé qu'il sera imité. »

La séance a été levée à cinq heures. De nombreuses personnalités sont venues serrer les mains de M. Brouardel et s'entretenir avec lui.

(La Gironde.)

VISITE AU GROUPE ÉMILE-LOUBET

Journée du Dimanche 5 Juillet 1903

Première pierre du Groupe Émile-Loubet

Dimanche matin, M. Brouardel a poursuivi la série des fêtes auxquelles il avait été convié et qu'il avait bien voulu présider, en procédant à la pose de la première pierre du 9e groupe des Habitations à Bon Marché, cours de Luze. Ce groupe, qui se compose de huit immeubles, et portera à cent huit le nombre de maisons édifiées par l'Œuvre, a, comme on le sait, le nom vénéré du président de la République, M. Emile Loubet.

Devant la foule assemblée en face du groupe, qui s'élève déjà en partie, M. Hausser a expliqué les raisons qui avaient incité le Comité à donner ce titre à ces constructions. L'hommage rendu s'adresse surtout au philanthrope, au promoteur d'œuvres de solidarité sociale, à M. Loubet, homme privé.

M. Brouardel a dit ensuite toute la sympathie de M. Loubet pour l'Œuvre des habitations ouvrières, et a félicité les promoteurs des trois Œuvres d'Habitations à Bon Marché, de Bains-Douches et de Débits de Tempérance, d'avoir coordonné leurs efforts pour le plus grand bien de l'hygiène et de la morale publiques.

Enfin, M. Ch. Cazalet a communiqué aux assistants le procès-verbal de la cérémonie, et a proposé d'adresser à M. le Président de la République le télégramme suivant. Cette motion a été adoptée à l'unanimité :

« *A Monsieur Emile Loubet,*

» Les membres du Comité et les locataires-acquéreurs de la Société bordelaise des Habitations à Bon Marché, le président du Comité départemental de la Gironde, réunis au groupe Loubet (cours de Luze), sous la présidence de M. Brouardel, ont l'honneur d'informer le chef de l'Etat de la pose de la première pierre du groupe et saluent respectueusement le Président de la République, qui a bien voulu associer son nom à l'œuvre sociale et féconde des habitations à bon marché. Ils l'assurent de leur respectueux dévouement, et le prient d'agréer l'expression de leur profonde gratitude pour la haute consécration qu'il a bien voulu personnellement donner à leur œuvre.

» LUTAUD, préfet; LANDE, maire; BIZOS, recteur; DE MONTRICHER (de Marseille); BAYSSELLANCE, HAUSSER, CAHEN, TOUZIN, JOUANDOT, TRIAL et CAZALET. »

Cette première étape a été close par la mise sous une pierre des immeubles d'une médaille rappelant cette cérémonie; par la reproduction sur un cliché photographique — grâce à l'habileté des praticiens de la grande maison Panajou frères — des diverses phases de cette fête intime, et enfin par la remise à M. Brouardel d'une magnifique gerbe de fleurs. C'est une gracieuse jeune femme d'un des propriétaires-acquéreurs qui, au nom des locataires-acquéreurs, a fait ce don à M. Brouardel.

La Fondation Cruse

Comme la veille, ce sont les automobiles de MM. Jiel-Laval et Lafitte qui portent les excursionnistes. Les machines excellentes, que pilotent des conducteurs habiles, les mènent en quelques minutes à plusieurs kilomètres, à une nouvelle section de l'Œuvre des Habitations à Bon Marché, rue de Malméla, à Saint-Augustin.

Dans un site admirable qui domine une partie de la grand'ville, trois maisons ont été édifiées par les libéralités de MM. Frédéric et Henri Cruse : maisons confortables, spacieuses, entourées de vastes jardins et réservées, suivant la volonté des donateurs, aux familles ayant au moins cinq enfants et ne vivant que de leur travail. Ce ne sont plus des maisons vendues aux locataires, mais des immeubles loués à très bas prix : la rémunération sera employée par l'Œuvre à faire le bien.

On visite les constructions; on place sous une marche une nouvelle médaille commémorative; un des membres de l'Œuvre, l'aimable M. Trial, prend des photographies, et on repart pour la place d'Aquitaine, où doit être planté « le clou » de la matinée : l'inauguration du local Brouardel des Bains-Douches.

INAUGURATION DU 5e LOCAL DES BAINS-DOUCHES "LOCAL BROUARDEL"

Le Local Brouardel

Le local est installé sur le côté ouest de la place, à l'angle de la rue Sauteyron. Déjà les baigneurs sont nombreux, attendant avec impatience leur tour de recevoir la pluie bienfaisante, tandis que, devant la porte, se dresse une élégante estrade recouverte de riches tentures. En avant, des sièges ont été réservés pour les invités. C'est là que prennent place les dames, les jeunes filles, les amis, heureux de s'associer à cette belle manifestation.

Sur l'estrade, nous retrouvons les personnalités qui, depuis les premières heures, n'ont pas quitté M. Brouardel : MM. Lutaud, préfet; Lande, maire; Bizos, recteur; Hausser, Bayssellance, C. Cazalet, de Montricher, Cahen, Jouandot, Trial et ceux qui s'associent ou s'intéressent aux œuvres dont ils sont les promoteurs : MM. Ch. Gruet, membre du Conseil supérieur des Habitations à Bon Marché; Cadène, président du Consis- de l'Eglise réformée; de Nabias, doyen de la Faculté de médecine, et de nombreux docteurs; Couturier et Papon, conseillers généraux; Léon Lesca; Marot et Giraud, conseillers d'arrondissement; une foule d'instituteurs, etc., tandis que, dans le lointain, MM. Panajou frères braquent encore leurs objectifs.

Il faudrait un volume pour raconter cette inauguration, qui a constitué une réconfortante fête de bienfaisance bien comprise. Tour à tour, MM. Bayssellance, Ch. Cazalet, Hausser, de Montricher et Brouardel ont pris la parole : les premiers pour rendre hommage à M. Brouardel dont le large savoir, la science profonde se dépensent pour le plus grand bien de l'humanité; M. Brouardel, pour remercier ses hôtes, féliciter Bordeaux de voir fleurir pareilles œuvres et dire toute la joie patriotique qu'il emportera de son court séjour chez nous.

Comme l'ont dit les premiers orateurs, le nom de « Brouardel » portera bonheur au nouvel établissement.

Parmi les éloges décernés, nous ne saurions oublier ceux décernés aux chefs de l'Université de Bordeaux, les instituteurs, institutrices, et tout particulièrement Mlle Lafon.

Disons aussi que M. de Montricher s'est félicité d'avoir été chargé par M. le Maire de Marseille de remettre à M. Ch. Cazalet et à son secrétaire M. Lannes des médailles qui leur ont été décernées par la Fédération de gymnastique italienne à l'occasion de la fête fédérale de Marseille.

Encore des fleurs ont été remises à M. Brouardel par Mlle Cazalet, au nom de l'Œuvre des Bains-Douches, et par Mme Jach, gérante du nouvel établissement.

M. Brouardel, ému de ces témoignages répétés de sympathie, remercie les donateurs.

Cette cérémonie, où la solidarité sociale a été superbement glorifiée, n'a pris fin qu'à midi.

A midi et demi, un déjeuner intime a été offert à l'hôtel de France, par M. le Dr Lande, maire, à son éminent confrère M. Brouardel.

Et, tandis qu'un chaud et clair soleil illumina la fin de ces manifestations, l'une des automobiles de M. Jiel-Laval, conduite par le maître lui-même, porte chez M. Céré, au domaine du Parc-Bordelais, M. Lutaud, préfet, qui, dans cette journée de dimanche, va se multiplier.

Les membres de la presse l'accompagnent. Ils vont, comme lui, prendre part au banquet des agents voyers et commis du service vicinal de la Gironde.

En quittant M. Jiel-Laval, M. Lutaud l'a sincèrement remercié et félicité.

Départ de M. Brouardel

M. Brouardel a quitté Bordeaux dimanche soir par le rapide de dix heures trente, allant à Paris.

Il a été salué à la gare par MM. Lutaud, préfet de la Gironde; Dr Lande, maire de Bordeaux; Hausser, Bayssellance, Marot, Cazaet et les diverses personnalités qui l'ont accompagné durant la journée.

Un Télégramme de M. Loubet

M. le Président de la République a répondu par le télégramme suivant à M. le Préfet de la Gironde à l'Adresse qui lui avait été envoyée dimanche, du groupe Emile-Loubet, par la Société bordelaise des Habitations à Bon Marché.

« Le Président de la République a été très touché de l'Adresse que lui envoient les membres du Comité et les locataires-acquéreurs de la Société bordelaise des Habitations à Bon Marché et le président du Comité départemental de la Gironde. Il les assure de sa personnelle sympathie et de la reconnaissance du gouvernement de la République pour l'œuvre si utile qu'ils ont entreprise.

» Il vous prie de vous faire auprès d'eux l'interprète de ses sentiments et de croire vous-même à toute son amitié. »

(La Gironde.)

RÉUNION A L'ATHÉNÉE

RÉUNION A L'ATHÉNÉE

DES

ŒUVRES BORDELAISES A BON MARCHÉ

Samedi 4 Juillet 1903, à 3 heures de l'après-midi

Sous la Présidence de M. le Professeur BROUARDEL

DISCOURS DE M. HAUSSER

PRÉSIDENT DE L'ŒUVRE BORDELAISE DES HABITATIONS A BON MARCHÉ

Monsieur le Président,
Mesdames,
Messieurs,

J'ai aujourd'hui le grand honneur — je ne m'en acquitte pas sans une certaine émotion — d'avoir, au nom des Œuvres des Débits de tempérance, des Bains-Douches et des Habitations à bon marché, à souhaiter la bienvenue à M. le Professeur Brouardel, membre de l'Institut. L'appui qu'il nous donne est si précieux, le concours qu'il nous apporte est si inappréciable, que je me sens plus que jamais embarrassé pour mettre les termes dans lesquels je m'exprime à la hauteur de notre gratitude.

L'adhésion d'un savant, qui est une gloire de notre pays, est une force; et, pour vous, Messieurs, c'est le plus bel hommage qu'ait pu récolter votre dévouement.

Nous sommes heureux et fiers d'avoir parmi nous M. le Professeur Brouardel, et je lui demanderai la permission de rappeler en quelques mots dans quel esprit a été dirigée la marche de ces trois Œuvres : Débits de tempérance, Bains-Douches, Habitations à bon marché.

Les Débits de tempérance sont une forme de cette lutte de l'humanité contre son grand ennemi, — elle en a beaucoup, hélas! — vous avez nommé l'alcool. Cet adversaire est d'autant plus dangereux qu'il se présente d'abord à nous avec toutes les formes de l'insinuation... Il ne s'agit pas, dit-il, de prendre de mauvaises habitudes... non. Il n'est question que d'offrir à l'homme un principe qui, à l'égal des aliments, lui donnera plus de vigueur ou, pour employer l'expression scientifique, plus d'énergie.

Beaucoup d'hommes vont, de bonne foi, à cette source d'énergie; et, comme cette source est empoisonnée, ils s'enrichissent de tares qu'ils transmettent par l'hérédité; d'où la dégénérescence, la décrépitude, la folie et le crime.

Les fondateurs des Débits de tempérance de Bordeaux n'ont pas voulu priver l'homme d'une boisson agréable; ils ont voulu seulement lutter contre un mal. Ils n'ont pas prohibé le vin et la bière; ils ont essayé de prémunir leurs concitoyens. De là ce juste milieu qui sépare l'usage raisonnable de l'abus condamnable et que le mot de tempérance traduit si heureusement.

Leurs débuts ont été heureux. Ils n'ont pas pris la forme rébarbative de certaines ligues anti-alcooliques; ils n'ont pas attaché sur le front ou sur la poitrine de leurs adeptes des croix mystérieuses et bleues; ils n'ont pas proclamé cet axiome que l'eau est la seule boisson à recommander; ils ont même chanté la poésie d'un bon verre de Sauternes, dans lequel un rayon de soleil semble s'être épanoui en un flot d'or. Sans priver l'homme d'aucune jouissance raisonnable, ils ont essayé, sous une forme saisissante et attrayante, de lui apprendre à user des choses en sage, à ne pas en abuser en insensé...

Et cependant, aiment-ils assez l'eau! Messieurs les Membres des Bains-Douches, on ne comprend que difficilement ce que ce mot renferme de satisfaction intime, de jouissance réelle. Ceux qui ne savent pas ainsi utiliser l'eau sont privés d'un véritable bonheur, d'un bonheur qui sauvegarde la santé ou la procure.

Si j'avais à faire la différence entre deux hommes, je chercherais d'abord quelle est leur propreté corporelle. Celui qui sera le plus propre aura des chances d'avoir plus de dignité morale: la pureté du corps est presque une garantie de la pureté de la pensée, et les souillures extérieures provoquent une répulsion qu'instinctivement nous appliquons aux souillures intérieures. Le critérium est le même pour juger les nations. Toutes celles qui ont exercé sur la marche de l'humanité une influence considérable, ont su faire un large usage de l'eau. Ninive, Babylone, Memphis, Thèbes, Athènes, Rome, nous présentent des exemples remarquables de l'utilisation de l'eau, de son maniement, de sa distribution, de sa profusion.

Nous croyons être dans le progrès et nous sommes dans la

décadence : les habitants des rives du Danube, de la Sprée, de la Tamise et de la Seine, au lieu de s'enorgueillir, feraient mieux d'aller à l'école des riverains du Tigre, de l'Euphrate et du Nil. On dit que la concurrence va s'abattre sur nous et que le commerce est sur le point de s'emparer de nos œuvres. Quel bienfait si ce que des esprits timorés ont appelé une menace pour notre Œuvre se réalisait, et si dans les faubourgs des grandes villes on trouvait bientôt plus de bains-douches que de cafés! C'est alors que le succès de M. Cazalet arriverait à son apogée, et nos petits-enfants chanteraient la gloire de ce nouveau Neptune, bien supérieur à l'autre puisqu'il avait en plus le souci du bien et l'amour de l'humanité. *(Rires et applaudissements.)*

C'est ce bien de l'humanité, Monsieur le Président, qui surtout nous a guidés dans l'Œuvre des Habitations à bon marché. Il y a là un grand progrès à faire; mais avant qu'il pénètre dans la loi, il faut qu'il entre dans les mœurs. Ceux qui s'intéressent à ces problèmes feront bien d'examiner ce qui se passe en Belgique et d'étudier les moyens par lesquels ce petit peuple est arrivé à faire concourir son épargne et ses ressources à la création pour l'homme d'une maison. C'est là, véritablement, un moyen d'affranchissement pour l'homme, et le citoyen français sera dans l'avenir influent et conquérant dans la mesure où il saura mieux résoudre ce problème de la maison. Ici, je proclamerais volontiers cet aphorisme : « Montre-moi ton foyer, je te dirai qui tu es. »

Mais il faut être extrêmement prudent, car une Œuvre d'Habitations à bon marché ne doit pas mettre en péril la propriété particulière. Ce serait une grande faute de proclamer qu'il y a un droit pour les citoyens et un devoir pour la société. Le socialiste moderne, s'il agissait ainsi, irait à l'encontre du progrès, car, sous quelque forme qu'il se manifeste, le cri de *panem et circenses* est toujours une formule de servitude, Nous avons pu nous mettre à l'abri de ce danger dans la Société des Habitations à bon marché; nous provoquons des besoins, nous indiquons des exemples, nous fournissons un aide; mais nous disséminons nos créations de telle façon que jamais il n'en résulte, pour le petit propriétaire qui vit de son loyer, une perte ou un péril.

Si j'avais donc à résumer l'esprit dans lequel a été dirigée la marche de ces trois Œuvres, j'emploierais l'unique mot de *tempérance*. La tempérance n'est pas seulement la discipline dans le boire et dans le manger : c'est cette qualité morale qui commande à l'homme de tenir compte d'abord du temps dans la recherche d'un progrès quelconque, qui lui défend ensuite de réaliser une amélioration au détriment de la justice, qui enfin favorise l'évolution en écartant la révolution.

Nous voudrions rendre l'homme tempérant : tempérant dans ses désirs, tempérant dans ses jouissances, tempérant dans son luxe, tempérant dans les luttes politiques; tempérant pour être plus apaisé, pour jeter sur le monde un regard moins jaloux, et sur le devoir un regard plus scrupuleux; tempérant dans le choix des moyens, mais intempérant dans le choix de l'idéal.

C'est l'amour du prochain, Monsieur le Président, que nous voudrions cultiver avec intempérance, et votre exemple nous y encourage. Nous nous évertuons à nous aimer ainsi les uns les autres, dans ce sentiment de solidarité commune sans lequel il n'y a ni famille, ni patrie, ni humanité, et nous y sommes arrivés quelque peu, car de tous nos amis qui sont ici, je puis dire qu'ils ont réalisé cette chose inespérée d'être quelque peu prophètes dans leur pays; et, plus tard, en parlant d'eux, on pourra ajouter : ce furent de bons citoyens.

Ce sont ces bons citoyens, Monsieur le Président, qui vous apportent aujourd'hui l'hommage de leur gratitude et de leur estime.

En nous quittant, vous emporterez toutes leurs sympathies... je vous supplie de nous conserver la vôtre.

(Applaudissements prolongés.)

RAPPORT PRÉSENTÉ PAR M. CHARLES CAZALET

Sur les Habitations à Bon Marché, les Bains-Douches à Bon Marché et les Débits de Tempérance

---

Messieurs,

C'est véritablement une bonne fortune, en même temps qu'un honneur dont nous sentons tout le prix, de posséder aujourd'hui, parmi nous, le grand hygiéniste, M. Paul Brouardel, dont le nom fait autorité dans le monde entier.

Nous vous remercions vivement, Monsieur le Président, d'avoir bien voulu répondre à notre invitation, et, en vous adressant nos remerciements les plus chaleureux, nous vous souhaitons une affectueuse et respectueuse bienvenue.

Les hommes que vous avez devant vous n'ont pas seulement en vue la propreté du corps par le bain-douche; ils ont entrepris également la lutte en faveur de toutes les propretés; ils croient servir ainsi la lutte contre la tuberculose et contre l'alcoolisme. C'est de là que sont nés les Habitations à bon marché et les Débits de tempérance.

Ces hommes, dont les efforts tendent au même but, ont pensé qu'il était utile de présenter une vue d'ensemble sur ces œuvres sœurs, qui forment comme une trinité philanthropique et sociale, ayant pour programme commun l'*hygiène populaire*.

Mes collègues et amis ont bien voulu me choisir pour accomplir cette tâche délicate; je ferai tous mes efforts pour être digne de leur confiance.

Habitations à Bon Marché

En présidant, le 6 mars 1898, l'Assemblée générale de la Société française des Habitations à bon marché, vous vous posiez, avec vos distingués confrères hygiénistes, en démolisseurs de maisons insalubres; nous, nous sommes surtout des constructeurs de maisons salubres. Et, si nous jetons un regard en arrière, nous pouvons, sans fausse modestie, nous montrer satisfaits des résultats obtenus.

Ces résultats indiscutables et indiscutés aujourd'hui, nous les devons à tous ceux qui, unissant leurs bonnes volontés, ne se sont jamais laissé distraire du but qu'ils s'étaient proposé.

Nous les devons surtout à deux sympathiques personnalités, dont nous ne saurions trop faire l'éloge, qui ont donné à nos différentes œuvres le concours si précieux de leur grande expérience et de leur grand savoir, et auxquelles j'adresse tous nos remerciements: j'ai nommé les deux présidents de la Société bordelaise et du Comité départemental, inséparables dans notre reconnaissance et dans notre affection, M. Bayssellance et M. Hausser.

Nous rappelant ce mot d'un homme d'Etat contemporain: « Placer le travailleur dans un milieu favorable à sa santé est le meilleur moyen de relever chez lui le sentiment de la dignité personnelle, la moralité, la vie et l'esprit de famille, » nous avons entrepris et mené à bonne fin la construction de sept groupes d'habitations, de cent maisons, où l'air et la lumière pénètrent à profusion, apportant la santé à leurs habitants.

Ainsi se justifie ce proverbe persan, que vous connaissez bien, Monsieur le Président: « Quand l'air et le soleil entrent dans une maison, le médecin n'y vient pas souvent. »

Nous avons construit la maison qui convient le plus à l'homme, au développement de sa famille: la maison avec un jardin.

Nos groupes, nous les avons édifiés, selon des types divers, d'après les préférences de nos locataires-acquéreurs, dans les différents quartiers de la ville. Nous avons évité ainsi de choquer des susceptibilités, et nous nous sommes rencontrés avec un prévôt des marchands, François Miron, qui écrivait à Henri IV: « C'est une malheureuse idée de bastir des quartiers à usage exclusif d'artisans et d'ouvriers; il ne faut pas que les petits soient d'un costé et les gros et dodus de l'autre. » Ce à quoi Henri IV répondait qu'on ferait les volontés de Miron (1).

Nous avons donc construit des maisons agréables, offrant à l'œil un joli aspect, et nous y avons logé des ménages d'ouvriers, d'employés. Nous les y avons logés dans des conditions particulières que vous connaissez tous, et que l'on connaît bien aujourd'hui à Bordeaux; et nous leur avons donné la fa-

(1) Les *Habitations à bon marché en France*, par M. Laborderie, avocat à la Cour d'appel de Bordeaux.

cilité de devenir propriétaires de la maison qu'ils occupent en qualité de locataires-acquéreurs.

Et ces locataires-acquéreurs se trouvent si bien dans nos maisons, qu'ils nous amènent d'autres locataires-acquéreurs pour les nouveaux groupes que nous construisons. N'est-ce pas significatif?

C'est ainsi qu'ils se montrent reconnaissants envers nous de leur avoir donné le *home*, cette école de toutes les vertus domestiques.

Nous devons reconnaître qu'ils les pratiquent admirablement. Ce qui frappe en entrant chez eux, c'est la propreté absolue du logis, toujours gai à voir. L'ordre et l'économie règnent dans leur ménage et prédisposent tout de suite en faveur des habitants.

Certes, nos locataires-acquéreurs ont des rapports de bon voisinage avec les habitants de leur rue, mais — nous insistons à dessein sur ce fait — il est un voisin qu'ils ne visitent jamais : ce voisin, c'est le *cabaretier*.

C'est que le logement salubre tient l'ouvrier éloigné du cabaret, et, par suite, lui permet d'éviter les atteintes de la tuberculose, qui fait, comme le constatait M. Brouardel en 1898, plus de 150,000 victimes par an!

Nous avons donc le droit de dire que notre Œuvre des Habitations à bon marché enraie la propagation des maladies contagieuses.

Un événement heureux et qui nous a particulièrement réjouis, c'est la décision prise, en octobre dernier, par le Conseil des directeurs de la Caisse d'épargne de Bordeaux. Je l'ai déjà dit, mais je crois devoir y revenir aujourd'hui : Cette décision nous l'avions, il y a dix ans, prévue et souhaitée. Voilà notre désir réalisé. Tout vient à point à qui sait attendre.

Il n'est pas inutile de faire remarquer que le prêt de 100,000 francs consenti par la Caisse d'épargne de Bordeaux a permis de construire, cours de Luze, le groupe Emile Loubet, qui portera à 186 le nombre de nos maisons individuelles.

Nous voulons adresser devant vous, Monsieur le Président, tous nos remerciements à notre excellent ami, — qui est également le vôtre, — dont l'intervention s'est si heureusement produite dans cette circonstance, M. le Dr Lande, maire de Bordeaux.

Si, à un moment donné, nous avons eu quelques craintes pour la location de nos maisons du groupe Jules Simon et du groupe Georges Picot, ces craintes n'ont plus leur raison d'être aujourd'hui. Ces non-locations provenaient, sans doute, de l'hésitation marquée par les ménages ouvriers de la Compagnie d'Orléans et de la Compagnie du Midi à occuper des maisons à la construction desquelles ces Compagnies avaient contribué chacune pour un prêt de 100,000 francs gracieusement consenti.

Félicitons-nous que tout soit, à cette heure, pour le mieux.

L'Œuvre bordelaise des Habitations à bon marché est en pleine prospérité et elle a pu jusqu'à ce jour, depuis sa fondation, distribuer chaque année, à ses actionnaires un dividende de 4 %.

Elle a également, de ses deniers, contribué à donner un nouvel essor aux Œuvres sœurs, la Société des Bains-Douches à bon marché de Bordeaux, celle de Paris et l'Œuvre de Tempérance.

Nous croyons donc pouvoir dire que nous avons fait quelque chose d'utile, quelque chose de bien. En tout cas, nous nous sommes efforcés de mettre en pratique les conseils autorisés de nos maîtres, les Jean Dollfus, les Jules Simon, les Brouardel, les Du Mesnil, les Jules Siegfried, les Georges Picot, les Emile Cheysson, les De Chambrun, les Henri Monod, c'est-à-dire tous ces hommes qui ont exercé une action si profonde dans le domaine de l'habitation populaire, en répétant toujours et partout cette devise que nous avons faite nôtre : « Une famille, un foyer. »

Jardins ouvriers

Je ne saurais me dispenser d'adresser ici l'expression de notre reconnaissance à MM. Frédéric et Henri Cruse, dont la générosité va entraîner la création de « Jardins ouvriers ».

Vous savez que ces Messieurs ont mis une somme de 23,000 francs à la disposition de la Société bordelaise des Habitations à bon marché, à la condition que cette somme soit employée à la construction de logements hygiéniques destinés à des familles n'ayant d'autres ressources que celles provenant de leur travail et ayant au moins cinq enfants.

La Société bordelaise a décidé de continuer cette œuvre en louant à des familles intéressantes des jardins d'une contenance de 2 à 3 ares chacun, dits « jardins ouvriers », où pousseront des légumes divers. La Société bordelaise prêtera les outils nécessaires à la mise en valeur de ces jardins et donnera les semences.

Les familles acceptées par la Société trouveront dans ce travail la rémunération de leur peine.

Ce sera une forme nouvelle d'assistance par le travail, mais qui conservera cette appellation plus aimable de « jardins ouvriers ». Ces jardins seront probablement situés dans trois endroits différents; nos décisions ne sont pas encore définitives à cet égard.

Dans cet ordre d'idées, d'heureux résultats ont été obtenus par ailleurs. Nous avons quelques renseignements sur plusieurs villes : à Beaune, M. Fontaine, inspecteur général honoraire des ponts et chaussées, se loue chaque jour de sa généreuse initiative; à Nancy, le Bureau de bienfaisance a créé l'Œuvre de l'Assistance par le Jardin, mais il n'admet que les familles déjà inscrites à ce Bureau pour être secourues.

M. Léopold Lallement, vice-président de la Commission administrative, a bien voulu nous fournir quelques renseignements intéressants, dont nous le remercions, mais nous ne pouvóns nous empêcher de remarquer qu'il ne s'agit, dans cette œuvre, que d'assister *l'indigent*.

Nous supprimons le mot d'*assistance* et nous appelons à nous les familles nombreuses d'ouvriers. Nous voulons que, comme le sage, elles puissent cultiver leur jardin.

Nancy possède d'ailleurs également des « jardins ouvriers », dont la création est due à l'initiative privée, et ils ont eu une action moralisatrice que notre dévoué camarade, trésorier de l'Union des Sociétés de gymnastique de France, M. Krug, constate en ces termes, dans une lettre du 18 juin de l'année courante :

« Les « jardins ouvriers », cela va très bien; c'est une belle et bonne œuvre très morale; l'ouvrier y va le dimanche avec la marmaille; on pioche, on bêche la salade; on y mange au grand air, et le soir on rentre fatigué et heureux. Cela se pratique beaucoup à Nancy; tout bon ouvrier a son jardinet avec sa cage à poules ou sa baraque à lapins. Seulement, pour que ce soit pratique, il ne faut pas que cela *soit trop éloigné* de l'habitation, pour que la femme et les enfants puissent y aller chaque jour. Mon avis est que c'est très intéressant. Combien bonnes sont ces salades qu'on a fait pousser soi-même! Et puis, combien sont bonnes aussi ces journées passées au grand air, après la semaine d'atelier! C'est certainement une excellente œuvre annexée aux Habitations à bon marché. »

On nous prédit le succès; acceptons-en l'augure et marchons de l'avant dans la nouvelle voie qui nous a été ouverte si gracieusement par MM. Frédéric et Henri Cruse, qui méritent tous nos remerciements et toute notre reconnaissance.

Bains-Douches à bon marché

L'année 1902 a été, pour l'Œuvre des Bains-Douches à bon marché, très importante pour les événements survenus, par les décisions et par les résultats qui en ont été la conséquence.

Le plus important de ces événements a été sans contredit la reconnaissance de notre Œuvre comme établissement d'utilité publique, et cela malgré l'énergique opposition des marchands de bains de Bordeaux, qui avaient appelé à la rescousse leurs confrères de Paris. Leurs efforts combinés ont été vains, et notre Œuvre a obtenu la flatteuse consécration que nous désirons et que nous croyons avoir méritée.

L'augmentation du nombre des bains-douches, à Bordeaux, s'accuse de plus en plus. Il n'y a, pour le constater rapidement, qu'à consulter les tableaux établis avec tant de compétence et tant de soin par notre dévoué trésorier, M. Trial, dont l'éloge ne serait plus à faire si l'on cherchait des mots nouveaux pour le remercier des nombreux services par lui rendus.

L'augmentation s'est produite sur toutes les catégories : de 141,832 en 1901, les bains-douches ont passé à 154,461 en 1902; les bains-douches scolaires, qui étaient en 1901 de 22,017, ont été en 1902 de 27,986; et les bains-douches donnés aux militaires se sont élevés en 1902 à 8,148, contre 7,128 en 1901. Je rappelle, en passant, qu'au 31 décembre 1902, le nombre total des bains-douches donnés s'élevait à 731,418, et, au 30 juin dernier, à 800,102.

Il n'y a pas d'éloquence supérieure à celle des chiffres.

Or, depuis le 1er janvier dernier, le prix du bain-douche, à Bordeaux, est, au lieu de 15 centimes, de 20 centimes (savon compris), comme à La Rochelle, et non seulement nous n'avons pas perdu un bain, mais dans cette période de six mois, s'élevant à 68,684, nous en avons gagné sur la période correspondante de l'an dernier, 2,494, et cela me permettra de ne pas insister.

D'ailleurs, nos amis de Paris viennent également de porter le bain-douche à 25 centimes au lieu de 20, et je crois pouvoir dire qu'ils ont bien fait, car, avant tout, il faut se préoccuper d'avoir de bonnes finances.

Je rappelle d'un mot, car un rapport annuel doit tout dire, que le 19 février dernier, M. Durand, inspecteur d'Académie de la Gironde, conviait de nombreuses personnalités à assister à une « leçon de choses sur les bains-douches à bon marché ».

Au cours de cette séance, fut présenté un appareil de *chauffage à l'alcool* qui fonctionna parfaitement. Mlle Lafon exposa également les avantages du bain-douche pour la population enfantine des écoles. Elle le fit en termes excellents; elle était, d'ailleurs, d'autant plus qualifiée pour cela, qu'à l'Ecole maternelle de Caudéran, dirigée par elle, jusqu'à l'année dernière fonctionna, pour *la première fois en France*, un bain-douche.

Et, puisque l'occasion est de nouveau donnée, nous adressons à Mlle Lafon l'hommage de notre vive et respectueuse reconnaissance.

La modicité du prix de l'appareil de chauffage à l'alcool, construit par M. Champ, constructeur à Bordeaux (120 francs), permettra aux municipalités des communes d'en faire l'acquisition dans des conditions avantageuses, et ainsi s'en généralisera l'emploi, qui permettrait, grâce à ces initiatives, grâce au préfet M. Lutaud, grâce au recteur M. Bizos, grâce à toutes les autorités universitaires, d'entrer effectivement dans les vues de la circulaire du 20 octobre 1902 de M. le Ministre de l'Instruction publique, recommandant la propreté comme un des meilleurs moyens de combattre ce terrible fléau à la poursuite duquel vous vous êtes mis, Monsieur le Président, et qui s'appelle la tuberculose. Et on ne tarderait pas alors, — comme le disait M. le Dr Merry-Delabost, de Rouen, à l'inauguration du local Auguste Couat, qui avait lieu le 22 avril 1900, sous la présidence de M. le ministre Decrais, — on ne tarderait pas à assister à la réalisation de cette grande pensée de Jules Simon, lorsqu'il disait : « Saluons par avance l'ère prochaine, où toutes les écoles de France seront, comme les bains publics de l'antiquité, divisées en deux compartiments : l'un pour l'étude de la grammaire, l'autre pour les bains-douches d'eau chaude. »

A l'occasion du Congrès d'Assistance et de Bienfaisance publiques, tenu récemment à Bordeaux, nous avons reçu des visites qui nous ont fort honorés : celles de M. Chaumié, ministre de l'Instruction publique, et de M. Casimir-Perier, ancien président de la République.

Nous avons été heureux de faire constater les résultats que nous obtenons, car, comme le disait notre ami M. Espinas, nous ne sommes pas de ceux qui tiennent *la lumière sous le boisseau;* nous sommes, au contraire, et on le sait bien à Bordeaux, et certains semblent heureux de le faire remarquer malicieusement, nous sommes de ceux qui parlent et qui agissent au grand jour.

Nous avons lu avec le plus grand plaisir, dans la *Revue politique et parlementaire*, dirigée par notre ami M. Fernand

Faure (nº du 10 juillet 1902), un remarquable article sur l'OEuvre des Bains-Douches à bon marché, dû à la plume autorisée d'un de nos collaborateurs de la première heure, M. Hausser, le distingué président de l'OEuvre parisienne, que vous applaudissiez si justement tout à l'heure. Plus que tout autre j'ai à le remercier, et je le fais simplement mais de tout mon cœur.

Notre OEuvre a été l'objet de divers autres travaux, et si le temps n'était limité je vous parlerais des communications faites par M. Bayssellance et M. le Dr Bergonié au Congrès pour l'avancement des sciences, et par Mme Cazalet au Congrès d'assistance et de bienfaisance publiques auquel je faisais allusion tout à l'heure. Mais je dois me borner.

Nous avons, à trois reprises différentes, sollicité une subvention du Pari Mutuel; nous avons subi trois échecs. Il nous a été répondu que nous n'étions pas une OEuvre de charité. Certes non, nous ne faisons pas de la charité gratuite, mais notre OEuvre n'est-elle pas philanthropique et sociale au premier degré? Nous ne nous sommes pas découragés, et aussitôt après la reconnaissance d'utilité publique, —que nous avons considérée comme un fait nouveau, — nous avons entrepris de nouvelles démarches, appuyées, cette fois, d'un rapport favorable présenté par M. Drouineau. Nous avons l'espoir que nos efforts seront couronnés de succès, surtout si vous voulez bien, Monsieur le Président, dire, avec l'autorité qui s'attache à votre parole, que plus il y aura de propreté, moins il y aura de malades.

La subvention que nous accorde le Conseil général a été, cette année-ci, diminuée de 500 francs. Tout en le regrettant, nous devons faire remarquer que c'est là une mesure d'ordre général.

Préoccupés de résoudre, en ce qui concerne notre personnel, ces questions de retraites qui agitent si légitimement tous les esprits, nous avons inscrit nos cinq ménages à la Caisse nationale de retraites; ils versent chacun 1 franc par semaine, nous en versons autant et, suivant leur âge, ils pourront avoir, à soixante ans, une retraite variant de 650 à 900 francs. En agissant ainsi, nous croyons avoir fait notre devoir et nous être attachés davantage nos si modestes mais si dévoués collaborateurs dont le travail ne mérite que des éloges.

De plus, par mesure de prudence, nous avons fait établir des polices d'assurances pour garantir la responsabilité civile de notre Comité, bien que nous n'ayons jamais eu le moindre accident dans nos locaux.

M. Manaud, agent de publicité, nous a demandé de l'autoriser à placer des affiches-réclames à l'intérieur et à l'extérieur de nos locaux. Nous avons donné cette autorisation, parce que cela nous permettra d'augmenter le chiffre de nos recettes, et nous remercions M. Manaud de son empressement et de sa bonne grâce.

Nous avons fait ourler nos coiffes et nos serviettes par l'Assistance par le travail des femmes secourues à domicile.

Nous avons offert le blanchissage de notre linge à l'Hospitalité de nuit des femmes; mais l'Administration n'a pas cru pouvoir accepter.

En nous appuyant sur la loi du 20 juillet 1895, qui autorise les Caisses d'épargne à prêter sur leur fortune personnelle aux Œuvres locales reconnues d'utilité publique, nous avons adressé à la Caisse d'épargne de Bordeaux une demande de prêt de 20,000 francs, pour payer la moitié des frais d'installation du local Brouardel. Nous voulons espérer que cet établissement l'accueillera favorablement, comme cela a déjà été fait en faveur de la Société des Habitations à bon marché. Dans ce cas, trois membres de la Commission administrative entreraient également dans le Conseil d'administration de notre Société.

Et, puisque je parle de notre cinquième local, je crois devoir remercier notre propriétaire, M. Duluc, — un nom bien connu des Bordelais, — des facilités de toutes natures que nous avons rencontrées chez lui.

Nous devons signaler le départ de notre ancien gérant du local de la rue Dauphine, M. Carlou, qui est allé installer, rue Tiquetonne, à Paris, un établissement de bains-douches pour l'exploiter lui-même.

Profitant de l'expérience acquise chez nous, M. Carlou va tenter la fortune, et cela ne nous déplaît pas; car, malgré tout, c'est un hommage rendu à notre Œuvre, et c'est toujours contribuer à la diffusion de notre idée.

Je n'aurai garde d'oublier les dévoués et habiles collaborateurs de nos différentes Œuvres, MM. Touzin, architecte, et Jouandot, ingénieur.

Nous nous sommes tous réjouis de la distinction méritée accordée par M. le Ministre de l'Instruction publique à M. Touzin. Combien il nous tarde d'avoir le même sujet de satisfaction en ce qui concerne M. Jouandot!

En sus de ses travaux de l'hôtel de ville, où il a passé cinquante années, — un demi-siècle, — il a consacré dix années de sa vie à l'extension de notre Œuvre. S'il attend, ou plutôt si nous attendons encore la récompense à laquelle il a tant de droits, nous pouvons dire que son dévouement ne se lasse jamais, et que chaque jour il acquiert des titres nouveaux à la reconnaissance de tous les bons citoyens.

Nous constatons avec plaisir qu'à Paris, comme à Bordeaux, une augmentation notable du nombre des bains-douches s'est produite : 142,416 en 1901, 145,782 en 1902. Nous exprimons le désir ardent qu'un troisième local soit incessamment édifié.

M. Hausser et ses collègues, qui n'ont rien ménagé pour la réussite de cette Œuvre, se doivent à eux-mêmes d'aller hardiment de l'avant.

Les villes qui n'ont pas hésité à nous imiter n'ont qu'à se féliciter de leur entreprise : Brest, Rochefort, Bayonne, Nice obtiendront certainement toutes les satisfactions désirables. Mais nous croyons devoir particulièrement signaler l'Œuvre rochelaise.

Les bains-douches ont obtenu là un succès considérable, et cela grâce à M. d'Orbigny, maire de La Rochelle et président de la Chambre de commerce, qui a fait un don de 10,000 francs pour l'installation de ces bains. Douze cabines avaient été primitivement installées; il a fallu en créer dix nouvelles.

M. d'Orbigny a droit à toutes nos félicitations.

A Marseille, — et puisque je prononce le nom de Marseille, je tiens, à mon tour, à saluer M. de Montricher, mon ami, l'ami de beaucoup ici, de tous ceux qui le connaissent, M. de Montricher, dont le nom, à Marseille, est synonyme de dévouement, de philanthropie et de patriotisme, — à Marseille, pourquoi ne le dirais-je pas? nous avons eu une déception. Après une conférence sur la question, présidée par le sympathique M. Chanot, dont le passage à Bordeaux est encore dans toutes les mémoires, nous pensions que l'Œuvre allait partir; elle s'est arrêtée. Nous sommes convaincus que M. de Montricher la relancera, en appliquant cette idée que les bains-douches doivent être installés en dehors de tout autre établissement et dans un quartier très dense. Le succès est à ce prix, et il nous tarde de saluer l'Œuvre marseillaise qui, une fois ouverte, et je dis ceci avec conviction, nous étonnera tous par ses résultats.

Nous regrettons qu'à Mont-de-Marsan le projet de la création de bains-douches n'ait pas abouti et que le généreux anonyme qui offrait 20,000 francs ait exigé cette création dans un endroit qui n'était peut-être pas tout à fait bien choisi.

Avant de terminer ce rapport, je ne saurais me dispenser de me transporter par la pensée à Rouen et d'adresser un souvenir à l'inventeur de l'idée des bains-douches, M. le docteur Merry-Delabost.

Je me transporte également à Paris, dans cette belle salle du Musée social où j'ai eu l'honneur, il y a cinq ans, d'exposer devant vous, Monsieur le Président, qui présidiez cette réunion, les résultats que nous avions obtenus jusqu'à ce jour à Bordeaux.

Dois-je le dire? C'est à vous, Monsieur le Président, que nous devons reporter l'honneur d'avoir osé entreprendre l'OEuvre de Paris.

Le 13 avril 1892, à la séance de fondation de l'OEuvre bordelaise, M. Frédéric Passy, à qui nous envoyons l'expression de notre respectueuse gratitude, nous disait : « Faites du bon marché et vous réussirez parce que vous êtes dans la vérité. »

Nous avons fait du bon marché et nous avons réussi.

Oui, nous sommes dans la vérité, et nous avons plaisir et orgueil à citer cette phrase élogieuse prononcée par M. Emile Loubet, le respecté président de la République : « Les résultats des bains-douches sont aussi considérables que les moyens en sont simples. »

La presse de toute nuance désire, demande l'installation de bains à bon marché pour la démocratie et particulièrement de *bains-douches*.

C'est que tous ceux qui sont préoccupés de l'avenir de notre race savent combien, suivant l'heureuse expression de notre ami M. Hausser, « la pureté matérielle prépare la pureté morale. »

Débits de Tempérance

Le regretté Jules Simon, dont nous nous plaisons toujours à rappeler les paroles, a dit : « Je suis un ennemi de l'alcool, qui est pire que la peste parce que c'est une peste perpétuelle. »

Le 18 décembre 1902, M. le Dr Debove, doyen de la Faculté de médecine de Paris, présentait, au nom du Conseil de surveillance de l'Assistance publique, un rapport où l'on trouve, contre l'abus de l'alcool, un acte d'accusation motivé et formidable. Ce rapport se termine ainsi : « Pour la santé de l'individu, pour l'existence de la famille, pour l'avenir du pays, l'alcoolisme est un des plus terribles fléaux. »

Une véritable croisade s'est organisée afin de combattre

l'alcoolisme, dont les méfaits s'exercent partout, au détriment de la santé publique.

Nous avons voulu, nous aussi, prendre rang parmi les combattants; et c'est ainsi qu'est née notre idée de création de *débits de tempérance.*

Pour vous en parler comme il conviendrait, Monsieur le Président, il aurait fallu une autre parole que la mienne; laissez-moi dire cependant que les mêmes hommes qui se sont groupés pour les habitations à bon marché, les bains-douches à bon marché, se sont réunis, avec d'autres, à l'appel de M. le Dr Lande, pour prendre part à la lutte contre l'alcoolisme.

Ils ont édifié, en 1900, sur le quai de la Douane, au milieu des ouvriers du port, un débit où se vendaient et où se vendent encore, des boissons hygiéniques: vin blanc, vin rouge, café, lait, bière et limonade.

Le succès s'affirma dès la première année de telle façon, que les organisateurs ont reconnu la nécessité de créer un deuxième débit de tempérance; mais dans celui-ci on donne à manger. Ce débit-restaurant a été installé 53, route de Toulouse, et son succès a dépassé celui du premier. Les chiffres sont là pour l'attester.

Nous avons lieu d'être à peu près satisfaits des résultats de l'exploitation. Nous allons, d'ailleurs, l'étudier très attentivement, et nous croyons que la formule est dans le débit-restaurant. Mais, ce qui fait surtout notre satisfaction, c'est le résultat moral obtenu. Nous voulons détourner l'ouvrier de l'abus de l'alcool et lui faire apprécier les boissons saines que nous vendons.

Nous voulons, après avoir purifié l'extérieur de son corps, purifier l'intérieur et restaurer ce travailleur intéressant en lui offrant, à un prix minime, des aliments solides. Le bon vin blanc, le bon vin rouge de la Gironde, avec leur principe généreux, ne peuvent que lui donner la vigueur et la santé.

Et ainsi se complète et s'harmonise l'œuvre humanitaire que nous avons entreprise depuis dix ans.

Nous essayons de nous montrer ainsi dignes des grands hygiénistes, des grands philanthropes dont nous avons sollicité et suivi les conseils.

Vous êtes, Monsieur le Président, au premier rang de ceux-là. Vous vous êtes préoccupé de la santé de nos générations actuelles. Vous vous êtes livré à de patientes recherches, à de nombreux et utiles travaux. Vous l'avez fait sans autre ambition que celle de faire le bien. Vous méritez bien cette devise inscrite sur la plaquette gravée par le grand artiste Roty, qui vous fut offerte, le 18 janvier dernier, par vos anciens élèves, par vos collègues et par vos admirateurs, réunis autour de vous à l'occasion de votre nomination de grand officier de la Légion d'honneur : « Avant ses intérêts privés, il plaça toujours l'intérêt public. »

Et je ne puis mieux terminer ce rapport qu'en citant les paroles que vous adressait, à cette occasion, M. Chaumié, ministre de l'Instruction publique :

« Cette vie, admirablement remplie, vous la couronnez par un apostolat; vous vous êtes placé à la tête de l'admirable croisade organisée pour mener la guerre contre ce fléau, la tuberculose. Par ainsi, Monsieur, vous avez pris place au nombre de ceux dont les bienfaits ont droit à la reconnaissance de l'humanité. »

Ce rapport, qui a été maintes fois coupé par les applaudissements de l'Assemblée, est unanimement approuvé.

Personne ne demandant la parole pour présenter des observations ou formuler des propositions, M. le Président invite l'Assemblée à procéder au renouvellement du tiers des membres sortants de la Société bordelaise des Bains-Douches à bon marché.

Sont réélus par acclamation : MM. Gabriel Faure, de Luze, Jouandot, Houneau, Rodberg, Touzin, Trial et Benjamin Cazalet.

Sont également réélus par acclamation comme membres du Conseil d'administration de la Société des débits de tempérance : MM. Charles Cazalet, Dr Lamaque, R. des Grottes, Ernest Cahen, Trial, Mestrezat, Charles de Luze, Dr Chavanaz, Jules Larrue.

Il est ensuite procédé au tirage au sort de deux bons de l'Œuvre des Bains-Douches appelés à être remboursés : no 116 à M. Gayon et no 124 à M. Ph. Véron.

M. le Président. — Je donne la parole à M. de Montricher, de Marseille.

DISCOURS DE M. DE MONTRICHER

Mon cher Président,
Messieurs,

C'est avec un certain esprit de mortification que je prends la parole, car, vraiment, dans les éloges qu'a bien voulu me décerner M. Cazalet, il s'est mêlé une certaine ironie; et s'il est une vertu chrétienne que j'ai mise en pratique depuis que je suis à Bordeaux, c'est certes l'humilité *(sourires)*. En effet, les œuvres que nous admirons à Bordeaux, tant celle des Habitations à Bon Marché que celle des Bains-Douches et d'autres encore, sont bien faites pour nous inspirer beaucoup d'humilité, pour nous montrer combien nous avons à travailler à Marseille pour être à la hauteur de Bordeaux. Mais enfin, avec l'exemple que nous donnent M. Cazalet, M. Brouardel et tant d'autres, certes, nous serons encouragés à bien faire.

M. le Secrétaire général de la Société des Bains-Douches n'a pu s'empêcher de dire que son ferme espoir de voir une œuvre similaire se fonder à Marseille, à en juger par les sympathies qu'elle avait paru susciter, il y a quelques mois, parmi des promoteurs enthousiastes, avait fait place à une certaine déconvenue. Mais qu'il me pardonne de lui dire que c'est un peu à lui-même qu'il faut s'en prendre. Je m'explique : Si nous nous sommes trouvés sur le même chemin, M. Cazalet et moi, c'est parce que, partis de points différents, nous poursuivons à peu près le même but, celui de l'hygiène, de l'application de ce que M. le président Hausser appelait la morale en action, en ce sens que l'hygiène, la propreté, la dignité du corps humain ne sont autres que des branches de la morale et de l'éducation sociale.

A Marseille, M. Cazalet est venu s'occuper de cette branche spéciale de la morale qui s'appelle la gymnastique, et qui a avec la propreté, avec les bains-douches, tant de rapports. En nous engageant, avec cette allure si entraînante que vous lui connaissez, à préparer la fête fédérale de gymnastique, qui a eu lieu en avril dernier, il faut, nous dit-il, organiser également des bains-douches.

Une conférence, sous l'égide de l'Université populaire, dont j'ai l'honneur d'être président, devait se donner à la Mairie. Je demandai à M. Cazalet de vouloir bien accepter de faire cette conférence sur un sujet à l'ordre du jour : question sociale, question des habitations à bon marché, etc.

—Je ferai, me répondit M. Cazalet, une conférence sur les bains-douches.

—Comment, objectai-je, vous parlerez pendant une heure sur une question pareille?

—Il n'est pas de question sociale plus brûlante que celle de l'eau *(rires)*, plus immédiatement applicable que celle des bains-douches.

—Je m'en rapporte à vous, lui dis-je.

M. Cazalet fit sa conférence; il nous parla des bains-douches, entra dans bien des détails, nous montrant le petit savon particulier employé ici, nous engageant à constituer un Comité pour la formation d'une Société marseillaise de bains-douches.

Cette conférence eut beaucoup de succès, je n'ai pas besoin de vous le dire. On constitua immédiatement un Comité... je crois même qu'on m'en nomma président. Ce Comité, dès le lendemain, se mit à l'œuvre... mais il y avait à préparer la fête de gymnastique, à étudier le règlement du Bureau municipal d'hygiène, questions également urgentes. Si je vous donne tous ces détails, c'est que, comme on l'a dit souvent, ce sont les mêmes qui se font tuer; et, en effet, les membres du Comité de l'Université populaire, ceux du Comité de la Fête fédérale de gymnastique, ceux du Comité des Bains-Douches, et, enfin, ceux du Comité de rédaction du règlement du Bureau municipal d'hygiène étaient les mêmes *(rires)*; par conséquent, il était difficile à ces mêmes personnes de s'occuper à la fois de tant de questions. C'est moi — je suis obligé de l'avouer — qui demandai au maire de Marseille et à mes collègues de ces divers Comités de vouloir bien attendre de liquider la fête fédérale de gymnastique et le règlement municipal d'hygiène, qui a pour objet d'appliquer la dernière loi sur la santé publique, à laquelle notre cher président Brouardel a pris une si large part, de vouloir bien, dis-je, régler ces différents points avant de donner à la question des bains-douches l'essor qu'elle mérite. C'est ce qui fut fait.

La conférence a eu lieu le 2 février dernier; nous sommes arrivés au 5 juillet sans avoir fait beaucoup de travail. Je crois, Messieurs, que la dernière leçon de choses à laquelle nous assistons va décider de l'existence des bains-douches à Marseille. Je demanderai à chacun de vous des encouragements pour mener cette œuvre à bonne fin; à notre cher Cazalet en particulier, qui est un apôtre à la parole vibrante et contagieuse, et si la loi sur la santé publique a eu pour but d'éviter la contagion néfaste, il en est une autre — contagion bienfaisante celle-là — qui produira son effet après les visites que nous avons faites aujourd'hui aux différentes œuvres bordelaises.

Je souhaiterais que les deux institutions marseillaises dont j'ai parlé tout à l'heure : l'Université populaire et l'Association polytechnique, pussent, en octobre, à la rentrée des classes, par un concours mutuel, recevoir un essor qui leur permît, à l'une et à l'autre, d'arriver à une pleine et seconde maturité. A cet effet, je demanderai à notre cher président Brouardel, dont le dévouement est à l'épreuve de l'eau et du feu *(rires)*, de vouloir bien donner une nouvelle preuve de son dévouement et de son intérêt à toutes les questions, si vitales pour le pays, qui s'agitent dans nos assemblées, et que nous avons l'ambition de résoudre. Qu'il vienne, le dimanche du mois de novembre qu'il lui plaira de choisir, pour présider à la réouverture de l'Association polytechnique et, le lendemain lundi, donner une conférence sur les questions sociales, dans la salle principale de la mairie, sous la présidence du maire de Marseille. Je suis chargé officiellement de lui en faire l'invitation au nom du premier magistrat de notre cité. Nous donnerons une conférence sur la tuberculose, sur les différentes questions qui agitent l'humanité et la France; nous reparlerons des bains-douches, qui seront peut-être en train, et ce sera le point de départ, pour la ville de Marseille, d'une nouvelle ère dans laquelle elle trouvera la prospérité par la mise en pratique de ce qu'on qualifiait tout à l'heure de véritable morale sociale. *(Applaudissements répétés.)*

DISCOURS DE M. BROUARDEL

MEMBRE DE L'INSTITUT

Mesdames,

Messieurs,

Mes collègues ont dit tant de bien de moi que je suis un peu embarrassé, un peu humilié, comme tout à l'heure M. de Montricher.

Je ne suis certainement pas en état de tenir tout ce qu'on me demande. S'il est quelque chose que je puisse promettre, c'est de faire tout mon possible pour vous témoigner ma bonne volonté par un procédé quelconque. Je suis sollicité de tous côtés. Marseille est bien intéressante; Lyon ne l'est pas moins; Besançon l'est beaucoup. Or, j'ai promis d'aller à Besançon; je dois me rendre à Lyon la semaine prochaine... En novembre, pourrai-je aller à Marseille?... Je n'en sais rien. Ce que je puis dire, c'est que je ferai tout mon possible pour vous aider tant que je pourrai.

Ceci dit, qu'il me soit permis de rendre hommage au groupe de personnalités bordelaises qui a réussi à créer ici une série d'Œuvres qui se tiennent les unes les autres, qui se complètent, et qui, toutes, ont le même but : la santé générale.

Elle est toujours vraie la vieille devise : Propreté donne santé. Après avoir parcouru bien des pays étrangers, bien des villes françaises, compulsé bien des statistiques, je suis arrivé à cette découverte, qui n'a rien de surprenant pour vous, c'est qu'au fond, l'hygiène tient en ces deux mots : *propreté. sobriété.* Je ne crois pas, je vous l'avoue, qu'on puisse sortir de ces deux termes. C'est là ce qu'il faut, à l'école, inculquer aux enfants, leur faire pratiquer; et, pour prendre dans l'ordre, — je ne dirai pas hiérarchique, mais dans l'ordre par âge, — nous trouvons d'abord la douche comme bain de propreté; et, quand vous aurez appris à ces jeunes enfants à se tenir constamment propres, vous pouvez être sûrs qu'ils ne feront pas de gros excès. Prenez les gens qui se sont abandonnés, qui ont fait pas mal d'excès, vous verrez que ce qui les caractérise toujours, c'est aussi bien leur saleté que le désordre de leur toilette.

Mais je tiens surtout à appeler votre attention sur un point, et je liquide tout de suite les bains-douches.

C'est vraiment quelque chose de bien singulier qu'on ait mis tant d'années à se rappeler ce qui se pratiquait à Athènes, où, si l'on ne donnait pas de douches avec le même petit savon qu'à Bordeaux, on tenait beaucoup à la douche pour entretenir la propreté corporelle. Il est vraiment singulier qu'alors que tous les travaux des physiologistes, des savants, ont démontré que les fonctions de la peau en temps normal sont absolument nécessaires pour la bonne santé, qu'on ait l'air d'en faire la découverte aujourd'hui. Déjà, il y a plus d'un siècle, Lavoisier a fait remarquer que nous perdons, par ce qu'on appelle la perspiration insensible, — aujourd'hui elle est un peu plus sensible à cause de la température, — quand la température est à 10 ou 12 degrés, nous perdons plus d'un litre par la peau. Non seulement nous perdons un litre d'eau, tandis que nous n'en perdons que 500 grammes par les poumons et 1,400 par les reins, mais ce litre d'eau entraîne avec lui un certain nombre de ce que nos ancêtres appelaient nos *humeurs peccantes*, que nous appelons substances toxiques. En voulez-vous la preuve? Vous savez que nous sommes féroces pour les animaux, pour les lapins en particulier. Mettez du vernis sur le quart de la peau d'un lapin, il mourra dans quarante-huit heures. Pourquoi? Non pas parce qu'il n'a pas pu évacuer une suffisante quantité d'eau, mais parce que, évidemment, on a empêché de sortir un certain nombre de produits toxiques que sa peau devait rejeter. Voulez-vous une autre preuve?... Je ne voudrais cependant pas avoir l'air de vous faire une conférence de pathologie... Chaque fois que vous avez une altération de la peau, scarlatine, brûlure, variole, les auteurs ont décrit, à la suite de ces maladies-là, des rhumatismes varioleux, scarlatineux, etc... Pourquoi? Parce que la peau n'a pu remplir pendant un certain temps ses fonctions normales et a créé une maladie secondaire chez les individus, par le défaut d'accomplissement de ces fonctions. Voilà pour l'ordre physiologique. Je pourrais encore ajouter ceci : Quand votre poumon n'est plus suffisant pour éliminer la vapeur d'eau et l'acide carbonique, qu'est-ce qui se passe?... Vous êtes en transpiration; votre peau devient le complément de vos poumons; vous devez la tenir en état de fonctionnement perpétuel pour éviter un grand nombre de maladies : bronchites, rhumes. Quand vous avez forcé les vaisseaux de votre peau à faire, sous l'influence de la douche, de petites contractions et dilatations, vous la mettez en état de résister aux influences extérieures de la chaleur et du froid. Enfin, c'est le dernier terme, quand la peau de nos compatriotes n'est pas habituée à être lavée... Et je rappelais ce matin qu'un de mes amis étant à Uriage, un brave homme vint lui demander de lui conseiller un traitement :

— Prenez un bain tous les deux jours, lui dit le praticien...

— Jamais une goutte d'eau n'a touché mon corps, s'écria le malade... *(Rires.)*

Je ne sais ce qui est advenu du traitement... il est même probable que le malade n'a pas pris de bains... Je sais aussi l'exemple d'une autre personne, d'une servante, que sa maîtresse aimait beaucoup à cause de sa fidélité, et à qui on avait ordonné des bains :

— Monsieur, répondit-elle indignée au docteur, je suis une trop honnête femme pour prendre un bain! *(Rires.)*

Ceci part d'une impression morale différente, mais qui reste, il n'en faut pas douter, contraire aux opinions de M. Cazalet. *(Rires.)*

J'ajoute que lorsqu'on ne tient pas sa peau propre, elle devient un véritable foyer de culture de microbes et même d'animaux. Je ne prendrai pas les plus gros... ce ne serait pas convenable dans une conférence *(sourires)*; mais parmi les petits, il y a, en particulier, le *staphylocoque aureus*. Lorsque la peau est sale et qu'on donne un coup d'ongle, il s'inocule et vous donne des accidents graves, érysipèle ou furoncles. Si bien que le fait de ne pas se laver, de ne pas se tenir propre, expose l'individu à des causes de mort rapide par infection, uniquement parce qu'il ne s'est pas débarrassé des parasites qui vivent sur lui.

Je ne puis que rappeler les travaux de Pasteur. En somme, qu'est-ce que font les chirurgiens?... Les chirurgiens qui avaient, il y a quelques années, des désastres qui ne se comptaient plus, font maintenant des opérations d'une audace extraordinaire et avec succès... Pourquoi?... Parce qu'ils ont appris quelque chose que chacun croyait savoir, que beaucoup ignorent : à se laver les mains! Mais il faut se laver d'une façon chirurgicale... Quand on a vu un chirurgien se laver les mains, on est obligé d'avouer qu'on ne sait pas se laver. Il faut laver la peau des malades; car si vous faites une incision avec un bistouri, vous inoculez les saletés qui sont dans l'épiderme. Il y a, au point de vue de la sécurité, de la garantie contre les maladies, de la bonne santé, dans le bain-douche tout ce qu'il faut pour entretenir la santé et vous mettre à l'abri de graves accidents. Voilà pour la santé personnelle.

On vous rappelait tout à l'heure que je me suis occupé de combattre la tuberculose. Quel est le grand facteur de la tuberculose?... Il en a deux. Le plus grand, c'est le logement insalubre. Sous le nom de logement insalubre, les Anglais désignent — et j'accepte leur définition — le logement qui n'a pas une quantité de lumière suffisante, qui est humide : celui-là c'est le mauvais logement. Mais, à côté du mauvais logement, dans lequel les individus se trouvent au milieu des bacilles et des microbes, qui ne sont pas détruits par la lumière, il y a le logement salubre, qui est rendu insalubre par la malpropreté des habitants.

Je dois dire, avant d'aller plus loin, que je suis convaincu que le vrai moyen de lutter contre la tuberculose et l'alcoolisme c'est de faire l'habitation propre. Il suffit de suivre l'ouvrier dans sa carrière. — Je parlerai plutôt de l'ouvrier parisien que je connais mieux. — Voici un jeune homme de vingt-quatre à vingt-cinq ans; il épouse une jeune fille de vingt à vingt et un ans. C'est un ouvrier qui gagne par jour, en moyenne, sept francs; la jeune fille, trois francs. Ils s'installent dans un logement propre. La jeune femme est coquette, comme elle doit l'être pour plaire à son mari; elle orne son intérieur. Il vient un enfant... ou on le met en nourrice, — et il va le plus souvent dans cette nécropole où nous engloutissons, dès leur première année, plus de 150,000 enfants, — ou la mère l'élève. Si elle élève ce premier enfant, et surtout s'il en survient un second, elle ne peut plus gagner son salaire quotidien de trois francs; les charges augmentent en même temps que les ressources diminuent; au lieu d'avoir dix francs, le ménage n'a plus que sept francs, avec deux enfants en plus. On déménage. La femme est prise toute la journée par les soins à donner aux deux ou trois marmots; le mari ne trouve plus un intérieur aussi coquet. Le logement est triste; on est allé vers les maisons sombres; en même temps, la ménagère se néglige... le mari va volontiers retrouver ses camarades au cabaret. C'est ainsi que l'alcoolisme s'ajoute comme dépense aux charges de la famille. A partir de ce moment, la famille est perdue. — Le moment où il faudrait intervenir, c'est à la venue du premier enfant; c'est alors seulement qu'on peut la sauver. — A partir de ce moment, dis-je, les dettes s'accumulent; on va dans les maisons insalubres, dans certains quartiers. — Ici, je veux appeler votre attention sur un point très curieux. Il y a des villes — je ne parlerai que du Havre — que je veux réhabiliter tout à l'heure. La ville du Havre est la ville du monde dans laquelle, d'après les statistiques, on perd le plus de tuberculeux... c'est un fait établi comme indiscutable, en Allemagne et partout.

M. Siegfried a fait faire au Havre des statistiques, en prenant comme point de départ celles que j'avais faites pour Paris. J'avais indiqué pour Paris qu'une ville n'est pas insalubre tout entière : qu'il y a dans la ville des foyers insalubres. Ainsi, à Paris, le quartier de Plaisance, sur 10,000 habitants, en perd tous les ans 105 par tuberculose, alors que le quartier des Champs-Elysées n'en perd que 11. Par conséquent, vous voyez que là où il y a du soleil, de l'espace, on ne meurt pas; que là où il n'y en a pas, on meurt. Mais à Plaisance j'ai essayé de faire des statistiques; je n'ai pas pu continuer parce que je me suis trouvé en présence d'un obstacle : atteinte aux droits du propriétaire. On a fait des statistiques sanitaires pour chaque maison, — on ne peut pas les publier parce que les propriétaires des maisons déclarées insalubres ne seraient pas contents, — mais il en ressort que ce ne sont pas telles et telles rues, que ce ne sont pas tels noyaux de maisons, mais qu ce sont toujours les mêmes maisons où on meurt par tuberculose. Il y a des maions, une notamment me revient à l'esprit, où, depuis trois années, sur 60 habitants, il y a eu 23 cas de mort par la tuberculose!

Ce sont là des foyers d'infection. Dès l'instant où nous savons quelles sont les maisons, quels sont les endroits sur lesquels il faut porter nos efforts, nous arriverons,, par une voie détournée, à ce que nos collègues de Bordeaux ont très bien organisé ; aux Habitations à bon marché.

Mais M. Siegfried a fait quelque chose qui vous intéresse beaucoup plus : il a fait une statistique par quartiers. On a constaté que la mortalité moyenne des tuberculeux, au Havre, est de 52 par 10,000; mais il y a des quartiers, comme celui des Albanais, près du port, qui en perd 92 par 10,000. A côté de cela, on constate qu'un groupe de 65 maisons, qui a été construit comme maisons à bon marché, n'a perdu que 1 habitant, au lieu de 9, sur 10,000 par tuberculose.

Par conséquent, la statistique démontre que le moyen de lutter contre la propagation de la tuberculose c'est d'exiger des habitants qu'ils ne rendent pas insalubre une maison qui a été construite avec toutes les conditions requises de salubrité. C'est là une question de surveillance.

J'ajoute que c'est aussi le moyen de lutter contre l'alcoolisme. Je vous ai cité tout à l'heure le cas du jeune homme qui se marie. Il est allé à l'alcoolisme parce que la vie n'était pas agréable chez lui. A propos du mot « alcoolisme », ainsi que je le disais ce matin à M. Régis, il faut que nous fassions une distinction... et pour ma part, je le dis sans aucune espèce de réticence, l'alcoolisme ne vient pas du vin. Il peut se produire des accidents chez les gens qui boivent trop de vin; ils peuvent devenir des dégénérés parce qu'ils se grisent trop souvent; mais ils n'ont pas les lésions, les accidents de l'alcoolisme. L'alcoolique, c'est autre chose : c'est un homme qui a pris l'habitude d'aller à une même heure prendre, dans un café, une même liqueur avec les mêmes amis.

Messieurs, nous sommes tous, convenons-en, un peu maniaques. Quand notre déjeuner ou notre dîner est en retard d'un quart d'heure ou d'une demi-heure, nous nous impatientons, nous pestons contre la cuisinière. Est-ce que c'est réellement la faim qui nous fait agir ainsi? Non; c'est le besoin de faire, à la même heure, une chose que nous avons habitude de faire. En voulez-vous la preuve? Vous êtes en voyage; votre déjeuner sera retardé d'une heure; vous le savez d'avance, vous n'êtes pas dans votre maison, vous ne souffrez pas de ce retard... peut-être prenez-vous une pastille de chocolat, par suggestion, pour tuer le temps; mais ce n'est pas le même état, le même besoin. Prenez les gens qui font un abus de la morphine: l'heure à laquelle ils ont l'habitude de se piquer est devenue pour eux d'une telle exigence que, pendant la demi-heure qui précède, ils sont dans un état nerveux spécial. Il y a donc pour l'alcoolique, à côté de la boisson qu'il prend, laquelle contient des essences, des éthers, comme l'absinthe ou l'Amer Picon, une habitude contractée. Mais pour ces alcooliques, le cas est bien différent: ils sont pris, ceux-là, dans leur économie, par le tube digestif, par le foie; ils sont pris par l'intelligence. Je ne serai démenti par personne si j'avance qu'actuellement ce sont les alcooliques qui fournissent les plus grands criminels, les auteurs de ces crimes dont nous voyons la relation s'étaler dans les journaux. Mais, même chez ceux qui ne sont pas encore alcooliques, — que nous n'oserions pas encore classer dans cette catégorie, — il se manifeste un état cérébral particulier: ils prennent des résolutions instantanées. Chaque verre d'absinthe diminue chez eux la résistance ou le temps de la réflexion; ils passent tout de suite à la solution, à l'affirmation, à l'exécution; c'est une annihilation de la réflexion qui est tout à fait curieuse et qui se traduit chez eux par des emballements irréfléchis.

Je ne voudrais pas développer indéfiniment cette question. J'ai déjà dit autrefois, à propos de la Commission de l'alcoolisme, — c'est la troisième Commission de ce genre dont je fais partie au Ministère des Finances, sans que nous ayons abouti *(sourires)*, — j'avais déjà dit: l'avenir est aux peuples sobres, à ceux qui conservent la puissance de la réflexion. Je crois que ceux qui deviennent la proie de la tuberculose, ce sont ces alcooliques dont j'ai parlé tout à l'heure; ceux qui ont besoin, à des heures déterminées, de prendre, jusqu'à trois fois par jour, des apéritifs; ce ne sont pas les gens qui boivent du vin, comme les ouvriers, les vignerons, les gens qui se trouvent en présence du vin pur, non falsifié, — car je fais des réserves pour les vins falsifiés, les vins vinés. *(Très bien! Très bien!)*

Le pivot de notre action c'est, pour moi, l'habitation. Il faut que nous fassions disparaître les habitations sombres et humides; il faut que nous maintenions leurs habitants dans des habitudes de propreté, et ces habitudes n'existeront que si les gens sont en même temps sobres. Tout le problème est là.

Je disais tout à l'heure que nous perdions par an 150,000 enfants... nous pouvons en mettre 100,000 au compte des logements insalubres, humides, dans lesquels n'entre pas la lumière... Je ne parle pas seulement des grandes villes, je parle même des campagnes. Ainsi, dans une épidémie de choléra, j'ai eu l'occasion de voir, à la campagne, vingt-cinq personnes vivant dans une grange dans laquelle ne pénétrait pas la lumière; c'était à Tourlaville, aux environs de Cherbourg. Sur ces vingt-cinq, quatorze sont morts du choléra. Ce n'est pas seulement pour combattre la tuberculose que nous devons avoir des logements salubres. Voyez ce qui se passe en Angleterre. Les Anglais nous offrent beaucoup d'exemples, dont nous pouvons suivre quelques-uns tout au moins. L'Anglais est propre; il tient à la propreté du logement. Vous pouvez aller dans les maisons de Londres; vous y verrez que les endroits qui, en France, sont particulièrement négligés, surtout dans quelques régions, sont là d'une propreté parfaite : il n'y a pas d'ordures, pas d'odeurs, même dans les water-closets; tout est propre. Vous pouvez par là mesurer la propreté des individus. Rien qu'en rendant les logements salubres, les Anglais ont réussi à faire diminuer, en trente ans, leur mortalité par la tuberculose de 45 %... Ils avaient autrefois une mortalité par la tuberculose supérieure à la nôtre; maintenant nous perdons 34 habitants par la tuberculose, alors que l'Angleterre n'en perd que 12. Il est vrai qu'ici nous nous trouvons en présence de conditions anglaises que nous ne pouvons pas réaliser. C'est ainsi que j'avais été frappé de ce fait que chaque fois qu'à Londres on reconnaissait qu'un quartier était insalubre, on le démolissait. J'ai cherché dans la loi anglaise où se trouvait l'article qui prévoyait, dans ce cas, l'allocation d'indemnités aux propriétaires lésés. Il n'y en a pas. Je suis allé au *Board Local Government :* « Qu'est-ce que vous allouez aux propriétaires, ai-je dit, en cas de démolition de leur immeuble?... — Mais rien du tout m'a-t-on répondu. Nous leur imposons, une fois qu'on aura démoli un quartier, de reconstruire des maisons de façon à loger la moitié au moins des habitants qui y logeaient précédemment. »

Cette façon de procéder me semblait bizarre. L'explication est celle-ci : Londres — il en est de même des autres grandes villes de l'Angleterre — appartient à six ou sept propriétaires... Le duc de Westminster possède, à lui seul, les trois quarts de la ville. On leur dit : vous allez raser tel quartier... C'est comme si on nous demandait à nous vingt francs de cotisation. On rase... on démolit même les maisons qui portent de l'ombre aux maisons voisines. Dans ces conditions-là, vous concevez que les Anglais ont obtenu des succès que nous ne pouvons pas rêver; mais il n'en est pas moins vrai que ces succès ils les doivent à la substitution des logements salubres aux logements insalubres. C'est un exemple pour nous. Si l'on peut diminuer la mortalité, je ne dis pas, en trente ans, de la moitié, mais à peu près; si nous pouvons aller dans le même sens, je ne vois pas pourquoi nous ne nous attellerions pas à cette œuvre. Je puis dire qu'après avoir tourné, les uns et les autres, nous arrivons à la même formule, à celle que vous appliquez à Bordeaux; c'est-à-dire qu'il faut des maisons salubres, propres; qu'il faut habituer les habitants à être propres; qu'il faut, autant que possible, que chaque individu cultive sa personnalité par une propreté minutieuse. C'est ce que vous faites, Messieurs, par vos Habitations à bon marché, par vos Débits de tempérance, par vos Bains-Douches. Je suis venu vous dire que vous avez donné là un bon exemple; qu'il faut que cet exemple soit connu et qu'on sache que vous avez su grouper ces trois manifestations de l'effort anti-tuberculeux; car c'est à cela surtout que je pense. Je suis convaincu que vous aurez des imitateurs... Il est probable aussi que le jour où vos Œuvres prendront de l'extension, on oubliera que c'est vous qui les avez créées. Vous pourrez toujours vous consoler de cette ingratitude de vos concitoyens en vous disant : c'est à nous qu'est dû le succès; c'est nous qui avons fondé ces Œuvres à Bordeaux. Je vous en félicite, Messieurs, je suis convaincu que vous avez donné un bon exemple.

(Applaudissements prolongés.)

INAUGURATION

DU

LOCAL BROUARDEL

DISCOURS DE M. BAYSSELLANCE

Monsieur le Président,

Nous avons à vous exprimer toute notre reconnaissance pour la perte de temps et la fatigue que vous vous êtes imposées en répondant à notre appel et en venant présider à l'inauguration de l'établissement auquel vous avez bien voulu accorder le prestige de votre nom. Pouvions-nous trouver mieux pour notre Œuvre d'hygiène que le patronage du grand maître de l'hygiène moderne, du savant professeur dont, en ces matières, l'autorité fait loi?

Cette consécration de l'utilité de notre Œuvre, après la reconnaissance officielle qui lui a été accordée par l'État, est pour nous la meilleure des récompenses. C'est l'approbation de la devise que nous avons choisie : *Propreté donne santé;* et de notre but : faire pénétrer dans la population l'habitude de ces soins extérieurs qui accoutument l'homme au respect de son corps et à la répulsion pour toute souillure.

Nous sommes heureux de pouvoir constater le succès de nos efforts : le nombre de nos clients augmente d'une façon continue; l'année dernière, pour la première fois, il a dépassé 150,000; cette année, la progression continue à s'accentuer, même malgré la mesure grave que nous avons dû prendre et qui ne nous laissait pas sans appréhension. En calculant à l'avance, par des hypothèses, notre prix de revient, nous avions, dès l'origine, abaissé le plus possible le taux de la rémunération demandée, afin d'étendre le service rendu aux couches les plus profondes de la population. Le succès, qui a dépassé nos espérances, nous a permis d'arriver assez rapidement à couvrir nos frais d'exploitation sur l'ensemble de nos locaux. Mais l'intérêt des frais de premier établissement pesait lourdement sur notre Œuvre et l'empêchait de prendre les développements qui devenaient nécessaires. Des Œuvres créées sur le modèle de la nôtre, notamment celle de Paris, instruites par notre expérience, ont adopté, dès le début, le prix de 20 centimes. Nous avons reconnu nécessaire de suivre leur exemple, et, depuis le 1er janvier dernier, nous avons porté le prix de nos bains-douches de 15 centimes à 20 centimes, mais sans modifier le prix de 10 centimes pour les enfants des écoles et pour les militaires. Il nous reste ainsi, au-dessus du prix de revient, une légère marge, qui permettra à l'Œuvre de continuer à vivre, lors même que les subventions qui l'ont soutenue jusqu'à présent viendraient à se réduire, comme cela est déjà arrivé pour la subvention du département.

Cette modification aux habitudes déjà prises n'entraînerait-elle pas un recul de notre développement, et ne verrions-nous pas diminuer le nombre de nos clients et, par suite, le bien réalisé? C'était là notre crainte, mais nous avons la satisfaction de reconnaître, après une expérience de six mois, qu'il n'en a rien été et même que la progression croissante de la fréquentation de nos locaux n'a cessé de s'accentuer, sans subir d'arrêt appréciable.

C'est donc avec une entière confiance en l'avenir que nous avons entrepris la construction de l'établissement nouveau qui aura l'honneur de porter le nom de : « local Brouardel ». Ce nom respecté lui portera bonheur, et il se placera rapidement, nous en sommes convaincus, au premier rang. Sa bonne situation près d'un grand centre de mouvement, l'heureuse disposition et la perfection des détails qu'il doit à notre architecte si dévoué, M. Touzin, et à notre distingué vice-président, M. l'ingénieur Jouandot, attireront la population des quartiers si peuplés qui l'entourent.

Nous espérons aussi que le resserrement des mailles de notre réseau favorisera le développement d'une portion de notre clientèle à laquelle nous tenons spécialement : la clientèle féminine. Les femmes ne s'éloignent pas facilement de leur demeure; lorsqu'elles auront des établissements plus à portée, elles viendront davantage, entraîneront leurs maris, leurs enfants, et ainsi, peu à peu, les bonnes et salutaires habitudes pénétreront dans la famille, et la persistance en sera plus assurée. Nous avons déjà une grande satisfaction sous ce rapport : la clientèle féminine se développe dans une large proportion. En nous reportant à cinq ans en arrière, nous voyons que, de 1898 à 1902, le nombre des bains-douches payants pris par les hommes s'est élevé de 43,000 à 84,500, c'est-à-dire de 97 %, tandis que, pour les femmes, il a passé de 4,800 à 27,000, augmentant ainsi de 462 %! Le chiffre féminin était, en 1898, sensiblement le neuvième de celui des hommes; en 1902, il en est le tiers. Parallèlement, le nombre des bains scolaires payants a progressé de 113 %. « Ce que femme veut, Dieu le veut, » dit le proverbe; si nous avons les femmes pour nous, le succès est assuré. Nous ne sommes peut-être pas éloignés du moment où, grâce à l'appoint de ce nouveau local, le nombre des bains-douches donnés dans l'année dépassera le nombre des habitants de la ville, donnant ainsi une moyenne d'un bain par tête; ce sera un premier échelon, intéressant pour les amateurs de chiffres, qui trouvent du charme au calcul des moyennes.

Vous avez bien voulu, Monsieur le Président, donner cette année votre patronage à nos Œuvres bordelaises d'hygiène. Vous avez vu les Habitations à bon marché en pleine prospérité, livrant des maisons dans les meilleures conditions hygiéniques, et même avec bain-douche obligatoire!

Vous avez vu les Débits de tempérance à leur début; là, le succès est plus lent et plus difficile, mais le but est si important que nous ne saurions nous décourager; avec de la persévérance, nous finirons par obtenir de bons résultats dans la lutte contre un fléau menaçant pour l'avenir bien que beaucoup moins développé dans notre ville que dans d'autres régions.

Vous voyez, enfin, nos Bains-Douches à bon marché, pour lesquels aucune approbation ne saurait nous être aussi précieuse que celle du Président du Conseil supérieur d'hygiène de France. Le souvenir de la preuve d'intérêt que vous avez donnée à nos Œuvres en leur accordant l'appui de l'autorité de votre nom, sera pour nous le plus sérieux encouragement, et nous vous prions d'accepter l'expression de notre sincère gratitude.

Merci aussi à vous, Monsieur le Préfet, qui nous témoignez la même bienveillance que votre prédécesseur; à vous, Monsieur le Maire, notre ami de la première heure, et à vous, Messieurs, dont la sympathie nous a encouragés et soutenus pendant les périodes difficiles de notre Œuvre et ne nous a jamais abandonnés. Vous jouissez avec nous aujourd'hui du succès en lequel vous avez toujours eu foi. Et nous n'avons pas seulement la satisfaction égoïste de penser que notre ville a été, la première, dotée d'une institution bienfaisante dont l'utilité est maintenant partout reconnue, mais nous avons aussi la joie de voir que notre idée a fait son chemin, et que d'autres villes, et parmi elles la capitale, l'ont adoptée et la mettent en pratique avec succès.

DISCOURS DE M. CHARLES CAZALET

A l'Inauguration du Local Brouardel

Mesdames,
Monsieur le Président,
Messieurs,

Je suis trop respectueux de la tradition pour ne pas prendre la parole à l'inauguration d'un bain-douche. D'ailleurs, n'ai-je pas, pour ma part personnelle, à remercier publiquement à Bordeaux M. le professeur Brouardel de l'honneur, du grand honneur qu'il voulut bien faire à un jeune Bordelais en présidant à Paris, en 1898, une causerie timide sur cette « propreté du corps », dont un groupe d'hommes s'efforce, depuis bientôt douze ans, de prêcher les bienfaits par une propagande qui repose tout entière sur le système du bain-douche imaginé par un Français, M. le Dr Merry-Delabost, de Rouen, et sur cette devise qui flamboie sur ce local dans ces trois mots : *Propreté donne santé*, devise que nous devons aux fondateurs de notre Œuvre et, en particulier, à un de ceux dont le dévouement ne s'est jamais lassé, à ce fidèle ami, aujourd'hui le premier magistrat de la ville, à M. le Dr Lande.

***

C'est à votre haute approbation, Monsieur Brouardel, c'est à vos conseils, c'est aux conseils de ces hommes, vos collègues et vos amis, dont nous n'oublions jamais de prononcer les noms parce qu'ils ont été pour nous des protecteurs aussi aimables que puissants : Jules Simon, Frédéric Passy, le Dr Dumesnil, Auguste Couat, Jules Siegfried, Georges Picot, Emile Cheysson, c'est à tous ces hygiénistes, à tous ces penseurs qui nous ont soutenus et encouragés que va notre reconnaissance et notre admiration, car c'est au sentiment de solidarité sociale qu'ils ont soufflé sur Bordeaux que sont dues la plupart de ces institutions, qui ont fait de notre cité, comme le disait récemment, ici même, M. Casimir-Perier, « un grand foyer de fraternité ».

Qu'est-ce, en effet, pour ne parler que de celles qui sont ici, que ces trois œuvres d'Habitations, de Bains-Douches et de Tempérance, qui ont voulu être réunies pour vous recevoir plus dignement, Monsieur le Président, sinon l'expression de cette pensée même que j'ai entendu, pour ma part, depuis que je suis au monde, exprimer par le corps médical, que les trois quarts des maladies viennent de la malpropreté et de l'intempérance; que, par elles, les hôpitaux se remplissent, la race s'atrophie, les enfants dégénèrent, et qu'ainsi le grand devoir social apparait dans cette formule qui est la vôtre, Monsieur Brouardel :

Diminuer la misère;
Relever la natalité;
Réduire la mortalité.

Et alors nous marchons, à Bordeaux, insouciants des railleries ou des quolibets, et vous voyez autour de vous et devant vous ce bataillon d'hommes, de femmes, ces Comités, ces directeurs, ces directrices, entraînés par un préfet, un recteur, un inspecteur d'Académie; tous les élus, toutes les autorités, toute la presse, et j'affirme, sans crainte d'être démenti, que ces enfants des écoles que vous avez rencontrés hier dans les locaux, que ces locataires-acquéreurs que vous avez vus dans leurs maisons ont pris de telles habitudes par le bain-douche, qu'ils sont aujourd'hui plus propres que la plupart des enfants, des hommes et des femmes de notre génération contemporaine.

Ah! je n'ai pas peur de le dire; et, en fait, je n'ai pas beaucoup de mérite, je ne le redis qu'après des hommes comme vous : il y a tout à faire dans le monde de la propreté; et d'abord, il faut faire aimer l'eau.

Et, à Bordeaux, on a admirablement compris que c'était *par l'enfant* qu'il fallait commencer, et bien avant cette excellente circulaire du 20 octobre 1902, de M. le Ministre de l'Instruction publique, tout ce qui touche de près ou de loin à l'Université a entrepris la croisade, et, si je ne craignais pas d'empiéter sur les attributions de M. le Préfet ou de M. le Recteur, je vous dirais : Il y a là un admirable corps d'éducateurs de la jeunesse française qui, pensant que développer dans les jeunes âmes le goût et le besoin de la propreté c'est faire une bonne action, n'ont pas hésité à ajouter à leurs peines, à leurs devoirs, à leurs occupations, pour accompagner les enfants aux bains-douches, et je salue de mon admiration et de mon respect l'Université bordelaise tout entière, ses chefs et ses soldats.

Je voudrais, Monsieur Brouardel, pouvoir m'arrêter longtemps sur le dévouement, la compétence, la passion des Bayssellance et des Hausser, des Jouandot et des Touzin, et tant d'autres qui sont autour d'eux, mais ils ne me le permettraient pas; tous nous formons, pour employer un mot à la mode, le *bloc* intangible qui voudrait que notre chère cité eût l'honneur du triple record, du record de la propreté, de la tempérance et de l'économie.

Oui, de l'économie aussi, car ces admirables familles de locataires-acquéreurs que vous avez vues, sont animées de cette vertu sans laquelle Franklin disait qu'il n'y avait pas moyen de faire fortune; cette vertu de l'économie, qui est la source même de toute fécondité.

Je vous remercie, mon cher de Montricher, d'être venu de Marseille exprès pour assister à cette cérémonie. Vous avez voulu, comme votre maire, le sympathique M. Chanot, vous rendre compte sur place du fonctionnement de ces bains-douches, dont M. Brouardel a dit que c'était *une source admirable de propreté à bon marché.*

En venant à Bordeaux, Monsieur le Président, vous donnez à tous des forces nouvelles, car, et c'est par là que je termine, vous allez rendre encore plus facile, comme le disait M. Léon Bourgeois, le 15 janvier 1889, à la séance du Comité consultatif d'hygiène publique de France, — ce Comité que vous présidez avec tant de distinction, — vous allez rendre encore plus facile ce devoir de solidarité sociale et démocratique, qui aura pour « effet de conserver et d'accroître ce capital humain, dont la » moindre parcelle ne peut être perdue sans une atteinte à la » sécurité et à la grandeur de la Patrie! »

DISCOURS DE M. HAUSSER

PRÉSIDENT DE L'ŒUVRE PARISIENNE DES BAINS-DOUCHES

Monsieur le Président,
Mesdames,
Messieurs,

Je suis chargé, au nom de l'Œuvre parisienne des Bains-Douches à bon marché, dont les locaux de la rue de Bretagne et du boulevard Barbès sont si prospères, de vous apporter le témoignage de notre sympathie et de notre reconnaissance.

Nous n'avons rien à vous apprendre, car c'est vous qui nous avez tout appris, et nous ressentons aujourd'hui ce sentiment si sincère dans sa naïveté qu'ont les enfants quand ils contemplent la gloire de leurs parents. A cette gloire ils n'ont pas contribué, mais, l'imagination aidant, ils se figurent y avoir travaillé, et ils éprouvent cette impression très douce de l'orgueil flatté.

Nous approuvons fort le nom qui a été donné à ce nouveau local. Il y a des hommes qui passent par le monde en faisant du bruit; il en est d'autres qui traversent la terre en faisant du bien. Vous avez choisi, Messieurs, l'un de ces derniers, et vous lui avez appris aujourd'hui, discrètement, que dans une démocratie il y a de la gratitude... et que l'immortalité n'est pas un vain mot...C'est ce que Paris m'a chargé de dire à Bordeaux.

(Rires et applaudissements prolongés.)

DISCOURS DE M. DE MONTRICHER

Mesdames,
Monsieur le Président,
Messieurs,

Certes, depuis que je suis à Bordeaux, — depuis vingt-quatre heures environ, — si je n'obéissais qu'à mes intérêts particuliers, je préférerais ne pas prendre la parole, parce que j'ai eu beaucoup plus à m'instruire qu'à enseigner. Cependant, délégué par le maire de Marseille, j'aurais failli à un devoir si je n'avais dit combien nous désirons, à Marseille, suivre votre exemple; d'autant plus qu'à mon mandat général s'ajoute un mandat particulier qu'il m'est très agréable de remplir.

Mon cher Cazalet, c'est au président de la Fête fédérale de gymnastique que je suis amené à m'adresser, — et n'est-il pas vrai que le bloc dont vous parliez tout à l'heure peut comprendre, en dehors de la propreté corporelle et d'autres œuvres sociales, la gymnastique, qui est le développement des muscles du corps, de la force et de l'énergie morale, et qui est également une œuvre sociale. — La Fédération des Sociétés de gymnastique italiennes, dis-je, a remis au maire de Marseille deux médailles avec diplômes que je suis chargé de remettre à M. Cazalet, président de l'Union des Sociétés de gymnastique de France, et à M. Lannes, son secrétaire.

En vous offrant, au nom du maire de Marseille, ce diplôme et cette médaille, c'est pour moi, mon cher Cazalet, une bien rare et précieuse bonne fortune que de vous dire combien j'ai pour vous d'affection et d'admiration.

En ce qui concerne votre modeste secrétaire, M. Lannes, je ne puis lui faire de meilleur compliment que de lui dire que vous l'avez formé à votre école. *(Applaudissements.)*

Mon cher Président, Mesdames, Messieurs, je tâcherai de profiter de cette admirable leçon de choses à laquelle je viens d'assister, et de faire au maire de Marseille un rapport adéquat, en même temps qu'à mes collaborateurs de l'Association polytechnique et de l'Université populaire de Marseille, instituées il y a quelques années, sous la présidence et avec les encouragements de leur illustre président parisien, M. le professeur Brouardel. Qu'il me permette, en le remerciant de son haut patronage, lui rappeler qu'il a bien voulu nous laisser espérer qu'il viendrait par lui-même se rendre témoin de nos progrès et de notre bonne volonté. J'espère qu'à ce moment, c'est-à-dire à la rentrée des cours, en octobre ou en novembre prochain, nous aurons commencé l'exécution de notre programme de bains-douches, de débits de tempérance et autres œuvres à l'instar de cet ensemble d'œuvres qui font tant d'honneur à la cité bordelaise.

Je vous remercie, Mesdames et Messieurs, de m'avoir écouté avec tant de bienveillance; j'ai hâte de me rasseoir pour ne pas retarder davantage le régal qui vous sera offert en entendant M. le professeur Brouardel. *(Applaudissements prolongés.)*

DISCOURS DE M. BROUARDEL

MEMBRE DE L'INSTITUT

Mesdames,
Messieurs,

Vous venez d'entendre mon éloge... et par des bouches diverses, il a été exprimé avec une bonne volonté, un cœur et en des termes qui ont de beaucoup dépassé la réalité. En écoutant ces excellents collègues, je me demandais si, réellement, j'étais digne de tant de reconnaissance. J'ai dû m'avouer que ce n'est pas exact. On a recueilli quelques phrases que j'ai prononcées en faveur de la propreté et de la tempérance, et on les a incrustées dans la pierre. Mais qu'est-ce qui a travaillé? qu'est-ce qui a mis à exécution les idées un peu vagues que j'ai pu émettre? Ce sont ceux-là qui ont été à l'œuvre; ce sont ceux qui se sont dépensés; ceux qui, pendant des années, avec une persévérance admirable ont coordonné les bonnes volontés, ont créé les Habitations à bon marché, les Bains-Douches et aussi les Débits de tempérance. Voilà ceux qu'il faut remercier; voilà ceux qui, réellement, ont accompli l'œuvre.

Pour ma part, vous me faites aujourd'hui cadeau d'un bijou élégant, admirable de propreté. Vous avez compris qu'il fallait être élégant pour inviter les gens à entrer chez vous. Vous avez parfaitement réussi : vous avez réussi dans la forme aussi bien que dans le fond.

Messieurs, il y a une chose qui a déjà été dite, mais sur laquelle je reviens : qu'est-ce qui caractérise l'effort de bienfaisance, je devrai dire plutôt de prévoyance, accompli à Bordeaux?... C'est qu'il y a eu plusieurs Œuvres qui se sont développées parallèlement, et lorsqu'on a eu terminé chacune d'elles, on s'est aperçu que chacune était un appui pour les autres. Il y a une solidarité absolue entre ces trois Œuvres qui sont ici représentées aujourd'hui : Habitations à bon marché, Bains-Douches, et Tempérance.

Depuis quelques années, — je dirai depuis de longues années, — nous avons appris à Paris que les Bordelais avaient souvent de belles initiatives; ce ne sont pas les médecins qui me démentiront si je rappelle, devant M. le Maire de Bordeaux, que c'est vers 1854 ou 1855 qu'est née à Bordeaux l'idée d'une

Association générale de tous les médecins de France. C'est Bordeaux qui a fait cela... et nous sommes aujourd'hui 8,000 médecins d'accord... cela ne se voit pas dans tous les pays. *(Rires.)* Les Bordelais ont donc de belles initiatives, beaucoup d'entrain... Ils ont autre chose encore : de l'éloquence pour faire pénétrer dans l'esprit des autres les idées qui leur sont personnelles; ce n'est pas M. Cazalet qui me démentira.

Vous avez, Messieurs, fait une œuvre très belle, et M. de Montricher vous dit très bien : « Nous tâcherons de fa‹ir› de même à Marseille. » A Paris, nous vous imitons; nous faisons des bains-douches, des habitations à bon marché; en un mot, nous suivons le même sillon. Nous sommes convaincus que, au point de vue du fléau qui décime dans ce moment-ci la France, au point de vue de la tuberculose, votre Œuvre, quoique indirectement, est la plus précieuse des ressources dans la lutte. Qu'est-ce que nous demandons?... La santé de l'enfant. Quel que soit le procédé, que ce soit le bain-douche, que ce soient les jardins pour la jeunesse, que ce soient les colonies de vacances, que ce soient les exercices de gymnastique, tout ce qui peut développer les forces de l'enfant, constituer des individus capables de résister aux invasions qui peuvent venir des microbes et, en particulier, du bacille de la tuberculose, c'est la bonne lutte; ce sont des jeunes gens qui, vigoureux de corps, auront en même temps, le même sens, la même pondération d'esprit que nous voyons trop souvent ne pas exister chez ceux qui sont malingres, déjà touchés par la maladie.

On a dit souvent : *Mens sana in corpore sano*. Il est certain que ceux qui raisonnent bien sont en général ceux qui se portent bien, ceux qui digèrent bien... Il y a là-dessus un grand nombre de proverbes qui rappellent qu'il ne faut pas s'adresser aux gens qui ont une mauvaise digestion. Si vous voulez faire, au moral et au physique, des générations vigoureuses, — celles dont nous avons besoin pour tout, — je ne parle pas seulement des luttes de l'armée, mais des luttes sur le terrain commercial et économique, faites des gens qui se portent bien.

Les Habitations à bon marché sont le complément des Bains-Douches; c'est la propreté mise à la disposition de l'homme. Or, soyez convaincus d'une chose : si vous voulez éviter la tuberculose, pour vous et votre famille, il n'y a qu'un moyen : c'est la propreté de soi-même et la propreté du logement.

J'ai cité hier le fait suivant : au Havre, dans certains quartiers, il meurt de la tuberculose, tous les ans, 9 personnes sur 10.000, et dans le groupe d'habitations à bon marché créé par M. Siegfried et ses collègues, la mortalité pour les mêmes causes n'est que de 1 au lieu de 9. Cela tient exclusivement à la propreté et à l'aération du logement. Par conséquent, la preuve est faite. Nous devons lutter et faire des efforts pour arriver à convaincre nos concitoyens.

Vous vouliez bien, tout à l'heure, Monsieur Cazalet, dire que vous aviez trouvé dans l'Université les premiers dévouements et l'acceptation complète de toutes les doctrines que vous mettiez en avant. Il ne pouvait pas en être autrement. D'abord, vous avez comme collaborateurs des personnes dévouées, comme Mlle Lafon, en particulier, qui s'est donnée, dès la première heure, avec une énergie spéciale, avec persévérance et dévouement, alors que les choses étaient contestées. Maintenant que le succès a couronné ces efforts, nous admirons vos collaborateurs et vos collaboratrices, mais nous devons bien réserver dans le fond du cœur une petite part de reconnaissance pour ceux qui ont lutté les premiers. *(Applaudissements.)*

Cette collaboration, ces bonnes volontés n'existent pas seulement parmi les instituteurs et les institutrices, elles existent partout; et en rappelant tout à l'heure la mortalité par la tuberculose, il me venait à la pensée — parce que c'est une réalité — que ce sont peut-être les maîtres, les instituteurs, qui paient le plus lourd tribut à cette maladie, notamment dans certains départements, un peu éloignés de vous heureusement. Ce sont les instituteurs et les institutrices sur lesquels je compte, parce qu'il faut qu'ils fassent, dès l'enfance, une propagande, non pas sur les mesures d'hygiène, non pas sur les modes de contamination de telle ou telle maladie, mais sur ces deux choses, qui sont les bases de la santé, — et l'enfant n'oublie pas les principes qu'on lui donne à l'école, — ces deux choses qui sont : propreté et sobriété.

Messieurs, je disais en commençant qu'on m'a beaucoup trop remercié. C'est moi qui suis reconnaissant et qui suis rempli d'admiration pour ceux qui ont consacré une large part de leur vie à lutter, à essayer de faire pour les autres, d'une façon absolument désintéressée, l'effort considérable qui a abouti ici à la création des différents groupes de maisons d'Habitations à bon marché et de Bains-Douches; je leur dis, en votre nom et du fond du cœur : merci!

(Applaudissements prolongés.)

TABLE

DES GRAVURES ET DES MATIÈRES

Bordeaux. — Impr. G. Gounouilhou, rue Guiraude, 9-11.

www.ingramcontent.com/pod-product-compliance
Ingram Content Group UK Ltd.
Pitfield, Milton Keynes, MK11 3LW, UK
UKHW020413230726
13925UKWH00004B/1395

9 782014 465389